KB188372

^{30일간의}

묵상

30일간의
묵상

• 초판 1쇄 발행 2015년 3월 20일

• 지은이 이기용
• 펴낸이 조유선
• 펴낸곳 누가출판사

• 등록번호 제315-2013-000030호
• 등록일자 2013. 5. 7.
• 주소 서울특별시 공항대로 637 B-102(염창동, 현대아이파크 상가)
• 전화 02-826-8802 팩스 02-6455-8805

• 정가 10,000원
• ISBN 979-11-85677-04-0 03230

시편을 가슴으로 여는 부부의 묵상 이야기

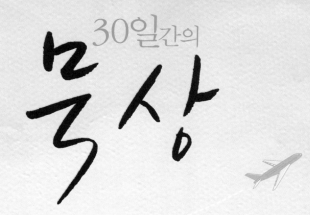

30일간의 묵상

이기용 지음

나는 대한민국에서 가장 행복한 목회자이다. 사실 나처럼, 당회와 교회 공동체로 부터 전폭적인 지지와
사랑과 후원을 받고 있는 목회자도 많지 않을 것이다. 거의 최고 수준의 지지와 후원을 받고 있다. 참 행복하다.
이런 행복하고 풍성한 목장을 뒤로하고 일정기간 떠난다는 것은 내게도 큰 용기가 필요했다.
그러나 '나부터 순종'이라는 단어가 나를 계속 사로잡았기에 결단할 수 있었다.

출판사
누가

차례

meditation

여는 글

어느 날 새벽에 주님께 기도하는 시간을 강단에서 갖던 중, 한
국 교회와 교회 지도자들의 여러 문제들로 인해 고전하고 있
는 현 상황에 대해서 깊이 고민하는 마음이 주어졌다. "어디
에서부터 잘못된 것일까?"라는 물음 앞에 갑자기 내 마음속에
'성경의 원리'에서 벗어났음이 모든 문제의 원인이 됨을 확신
하게 되었다.

　6일 일하고 하루 안식함이 창조의 원리인 것처럼, 6년 일
하고 1년 안식하는 것도 하나님께서 제시해 주신 창조의 원리
인데, 한국 교회는 그동안 여러 넉넉하지 못한 이유로 '하나님
의 창조 원리에 순종하지 못한 채 달려왔지 않나' 하는 생각을
했다.

　안식일, 안식년이 창조 원리인데, 한국 교회는 열정과 헌
신으로 달려가는 것만이 미덕이라 여겨 열심히 달려왔지만,
오히려 보이는 또는 보이지 않는 많은 문제들이 안팎으로 터

　　　　　　　　　　　　　　　　　　　30일간의 묵상

지고 있음을 부인할 수 없을 것이다.

그래서 나부터 성경의 원리에 순종해야 되겠다는 생각을 갖게 되었다. 사실, 나는 거의 워크 홀릭 수준의 사역자였다. 밤낮으로 뛰었다고나 할까? 이런 내가 다 내려놓고 목회 현장을 떠난다는 것은 결코 쉬운 결정이 아니었다. 더군다나 아내가 여행을 좋아하는 사람이었다면 결정이 그렇게 어렵지 않았을 것이다. 아내는 결혼해서 지금까지 나에게 어디를 가자고 한 적이 한 번도 없었을 뿐만 아니라, 하루라도 집이나 교회를 떠날라치면 이것저것 생각이 많아 고민이 깊어지는 스타일이기 때문에 모든 것을 내려놓고 잠시 떠난다는 것은 여러모로 나에겐 난공불락이었다.

그렇지만 '나 자신이 성경의 원리에 순종하지 않으면, 나의 삶과 사역에도 문제가 야기되지 않는다고 어떻게 과신할 수 있을까'라는 생각에 안식년에 대한 용기를 내었다. 아니, 나부터 주님께 순종해야 한다는 강한 부담이 주어졌다. 그래서 먼저 당회에 안식년에 대한 나의 생각을 내놓았다. 당회원 장로님들 전체는 당연하다는 듯이 기쁨으로 지지해 주었다.

　나는 대한민국에서 가장 행복한 목회자이다. 사실 나처럼, 당회와 교회 공동체로부터 전폭적인 지지와 사랑과 후원을 받고 있는 목회자도 많지 않을 것이다. 거의 최고 수준의 지지와 후원을 받고 있다. 참 행복하다. 이런 행복하고 풍성한 목장을 뒤로하고 일정기간 떠난다는 것은 내게도 큰 용기가 필요했다. 그러나 '나부터 순종'이라는 단어가 나를 계속 사로잡았기에 결단할 수 있었다.

　약 4개월여 간의 안식의 시간(축농증 수술과 콧속 물혹 제거 수술 포함^^)을 보내고 목회 현장에 복귀한 후 나는 더욱 행복한 목회자가 되었다. 설교나 사역에 있어서도 좀 더 풍성함을 누리고 있으며 교인들도 나와 더 소통이 잘된다는 말을 전해오곤 한다. 교회 전체가 더 풍성해진 것 같다. 개인적으로 안식 이후에 성도들의 아픔이 더 잘 보이고 성도들의 마음을 더 잘 느낄 수 있게 되었다. 설교 시간에도 그 아픔이 느껴지고 그 마음이 만져져 눈물이 날 때가 많다. 이래서 하나님께서 안식의 원리를 제시해 주신 것 같다.

이 책은 안식 기간 중 첫 달의 시간들을 매일매일 기록한 내용이다. 첫날부터 기록하고 싶은 강한 열망이 일어나 매일의 과정과 보고 느낀 것들을 기록했는데, 그 내용을 접한 분들이 책으로 출판하도록 강권해 주셨기에 용기를 내어 보았다.

참 고마운 사람들이 많다. 26년 동안 내 곁에 변함없이 함께 있어준 내 아내가 고맙다. 아내는 남편을 위해서라면, 어떤 희생이라도 감내할 사람이다.

애정행각을 한 것도 아니고 일상처럼 행동했을 뿐인데, 유럽을 갈 때뿐만이 아니라 올 때도 역시 스튜어디스들이 우리 부부를 부러워하고 본인들이 모여서 "우리도 저 부부처럼 살고 싶다."라는 말을 했다고 한다. 한 스튜어디스가 이 비행기에 타고 있는 스튜어디스 중 본인만 결혼 전이고 다 기혼인데 "언니들이 두 분을 너무 부러워하세요. 우리끼리 계속 두 분 이야기했어요."라는 말을 전했다. 극히 평범한 행동이었는데 우리 부부는 적잖이 놀라기도 했지만, 이 나이에 그런 말을 듣게 해준 나의 아내 박미선에게 감사한 마음이 크다.

천종과 신혜, 우현과 신영, 아들 같은 사위와 딸들도 고맙다. 항상 기도해 주시는 장인 장모님께 무척 감사드린다. 또한 담임목회 7년여 동안 전폭적인 지지와 힘이 되어 준 장로님들과 권사님들을 비롯한 전 교우들께 마음 깊숙한 사랑으로 고마움을 전한다. 나는 참 부족한 사람인데 너무 복을 많이 받은 목사이다. 참 좋은 성도들과 한 교회 안에서 하나님을 섬기고 전하고 나누고 있으니 말이다. 이 책의 발간을 즈음하여 지면을 빌어 진심으로 감사를 표한다. 끝으로 누가출판사 정종현 목사님과 수고하신 직원분들에게 감사드린다. 최고의 팀워크와 전문성을 갖춘 사람들이다.

졸필이지만, 책을 내기 위해 시작된 글이 아닌 유럽이라는 현장에서의 느낌을 진솔히 담았기에 어쩌면 내 모습 그대로의 나를 이해하는 데 도움이 되는 책이 될 것 같다.

"나의 모든 것은 하나님께로부터 시작되었고
나는 하나님의 손 안에 있다!"

향기나는
삶

∴

오전 8시 15분쯤 쉽지 않게 목양실에서 나왔는데, 원로목사님
과 장로님들, 직원들, 부교역자들이 배웅하기 위해 기다리고
있었다.

'아, 이제 떠나는구나!'

사위와 두 딸, 부목사님들의 배웅으로 오후 1시가 조금 넘
어 인천공항에서 이륙했다.

파리 샤를드골 공항까지 무려 11시간 30분이 걸리는 긴 여
정이었지만 기내에서의 시간은 주의 은혜로 평안해 컨디션이

아주 좋았다. 내리기 전에 아시아나 항공 스튜어디스 중 한 분이 우리 부부에게 말하기를, 비행기 안에서 직원들끼리 우리 부부 이야기를 나누었다고 한다. 너무 보기 좋은 커플이란다. 이야기를 들어보니 음료수나 식사로 우리를 섬길 때마다 "감사합니다."라고 연신 표현한 것이 인상 깊었다 한다. 당연한 태도인데…

아무튼 사람에게는 지나간 자리에서 독특한 향기가 풍긴다는 것을 다시 한 번 확인했다. 좋은 인상이라니 기분이 좋다. 그리고 누군가 우리를 만났을 때 우리에게 독특한 느낌을 갖는다는 사실이 한편으로는 두렵기도 하다. 하나님의 영광을 가리지 않는 목사여야 할 텐데… 조심하고 또 조심하자!

파리에 무사히 도착했다. 파리연합교회 부목사님과의 만남 예정 시간보다 1시간 30분이나 일찍 도착했다. 전화를 걸어 양해를 구한 후 우리 부부는 택시를 잡아 한국에서 인터넷으로 예약한 호텔로 갔다. 호텔로 가는 도중에 택시 기사와 월드컵 축구 이야기를 나누었는데 우리나라 축구팀을 잘 알고 있었으며 경기 스코어까지 정확히 기억하고 있었다.

와우!

여독으로 인하여 호텔에 도착하자마자 밥도 먹지 못하고 곯아 떨어졌다.

시편 50편 :: 찬송가 95장(통일 82)-나의 기쁨 나의 소망되시며

⊠ **기용** (23절) - 감사로 제사를 드리는 자가 나를 영화롭게 하나니 그의 행위를 옳게 하는 자에게 내가 하나님의 구원을 보이리라

• • • '감사로 제사를 드리는 자가~' 예배하게 하소서, 어떤 상황에서도 예배하게 하소서!

⊠ **미선** (10~11절) - 이는 삼림의 짐승들과 뭇 산의 가축이 다 내 것이며 산의 모든 새들도 내가 아는 것이며 들의 짐승도 내 것임이로다

• • • 모든 것이 다 하나님의 것이로군요. 영원히 잊지 않게 하소서!

파리에서 맞은
첫날

:

정확히 새벽 4시 50분에 하나님께서 깨우셔서 새벽예배를 드렸다. 파리에서의 생활 첫날임에도 불구하고 아내는 나에게 여유로워졌다고 한다. 평소에 너무 여유 없게 보였나 보다. 아무튼 여유 있어졌다니 하나님께 감사드린다. 안식 기간 동안 더욱 여유 있는 모습으로 회복되고 싶다. 안식의 시간이 필요함이 확인된 하루다.

아침 일찍 7시경 서둘러 호텔을 나서 루브르 박물관으로 향했다. 호텔에서 얼마 떨어져 있지 않아 택시를 잡지 않고 지하철(메트로)을 이용하기로 했다. 아내의 적극적인 도전으로 지하철 이용에 성공했다. 파리의 도로 표지판에는 프랑스 사람들의 자존심 때문인지 거의 영어로 표기 되어 있지 않아 매우 불편했다. 지하철에서 만난 친절한 흑인 아저씨의 도움으로 우리가 내릴 역을 알게 되었다. 알고 보니 그 흑인은 20여 년 전 울산 현대자동차에서 근무했다고 한다. 하나님의 섭리인 것 같다.

옛날 왕궁이었던 곳이 박물관인지라 너무나도 웅장하였다. 아무튼 몇 시간 동안 루브르 박물관에서 제공하는 이어폰을 임대하여 지칠 정도로 이곳저곳을 다녔다. 정말 웅장하기 그지없는 루브르 박물관이었다.

독특한 엷은 미소의 여인 '모나리자'를 만났다. 그 미소의 마력 때문인지 그녀 앞에는 사람들이 인산인해를 이루었다. 그뿐 아니라 루브르 박물관 안에는 우리에게 잘 알려진 대표적인 작품들이 몇 가지 있는데 이미 보았던 '모나리자' 이외에도 '밀로의 비너스', '사모트라케의 니케', '들라크르와의 민중을 이끄는 자유의 여신', '다비드의 나폴레옹 대관식' 등 헤아릴 수 없는 유명한 예술품들이 소장되어 있다. 건축가 페이

가 설계한 유리로 만들어진 루브르를 대표하는 피라미드 앞에서 아내와 사진을 찍었다. 유리 피라미드를 좀 더 지나면 볼만한 개선문이 하나 나온다. 1805년 나폴레옹이 승전을 기념하여 베니스에서 빼앗았다가 1815년 워털루 전투의 패배로 다시 돌려준 산마르코의 네 마리 말들을 조각한 카루젤 개선문이다.

　루브르 박물관에서 나와서 에펠탑을 찾았다. 많은 사람들이 장사진을 치고 있었다. 에펠탑은 1889년 파리 마르스 광장에 세워진 탑이다. 파리에서 가장 높은 건축물이며, 매년 수백

　　　　　　　　　　　30일간의 묵상

만 명이 방문할 만큼 세계적인 관람지이다. 이를 디자인한 귀스타브 에펠의 이름에서 그 명칭을 얻었으며, 1889년 프랑스혁명 100주년 기념 세계 박람회의 출입 관문으로 건축되었다. 건설 당시 경이(驚異)와 회의(懷疑)를 동시에 불러일으켰고 미학적 측면에서도 적지 않은 반대를 받았으나 마침내 그 가치를 입증했다. 에펠탑은 높이가 324m이며 1930년 뉴욕의 크라이슬러 빌딩이 완공될 때까지 세계에서 가장 높은 구조물로 자리를 지켰다.

아내와의 늦은 점심인 파리스타일의 버팔로 피자와 봉골레 스파게티는 매우 맛있었다. 오늘 저녁은 한국과 알제리 월드컵 예선전 축구 경기가 있는 날이다. 식당에서 만난 남자 종업원이 파리에는 알제리 사람들이 매우 많기 때문에 조심해서 조용히 한국을 응원하라고 귀띔해 주었다.

시편 51편 : 찬송가 261장(통일 195)-이 세상의 모든 죄를

🀫 **기용** (17절) - 하나님께서 구하시는 제사는 상한 심령이라 하나님이여 상하고 통회하는 마음을 주께서 멸시하지 아니하시리이다

••• 하나님 앞에서 상하고 통회하는 마음을 항상 갖게 하소서!

🀫 **미선** (3절) - 무릇 나는 내 죄과를 아오니 내 죄가 항상 내 앞에 있나이다

••• 늘, 언제, 어디서나, 회개하게 하소서!

유럽에서 맞이한
첫주일

:

유럽(파리)에서 맞는 첫 번째 주일이다. 오전 10시 30분. 파리에서 제일 크고 아름답다는 파리 현지인 교회에서 예배를 드렸다. 마침 유아세례예식과 성찬식 순서도 있었다.

예배형식은 칼빈의 개혁교회 영향 때문인지 예전 우리나라 장로교회 예배형식과 비슷했다. '개혁'이라면 좀 더 시대에 맞게 변화되어야 하는 것 아닌가? 예배 분위기는 조금 무거웠다. 모인 사람들의 수는 파리에서 제일 큰 편에 속한 교회임에도 불구하고 많지 않았다. 프랑스는 한때 개신교 신자(가톨릭 신자는 제외)의 수가 전 인구의 47퍼센트까지 도달한 때가 있었다고 한다. 그런데 개혁 측과 루터 측 교회가 서로 싸우고, 개신교와 가톨릭 측과의 싸움으로 인해 교회는 공멸하게 되었다고 한다. 어떤 상황에서도 싸움과 분쟁은 피차 멸망임을 교훈으로 얻게 된다. 내 평생 목회 현장에서나 삶 속에서 싸움과 분쟁은 꼭 피하리라!

한국 교회도 복음이 아닌 이념과 색깔 논쟁으로 서로 싸우고 있는 듯해서 마음이 무겁다. 이 때문에 얼마나 많은 사람들이 복음을 접하지도 못한 채 마음의 문을 닫고 있지 않은가! 아무튼 프랑스 신자와 함께한 성찬식에서는 국경과 인종을 넘어 예수 그리스도의 한 몸 안에서 우리가 하나임을 깊이 확인하는 소중한 시간이었다.

오후 2시 30분, 파리 한인 연합교회에서 설교하는 시간을 가졌다. 여러 번 사양했지만, 한국에서 떠나기 전 담임목사님으로부터 부탁을 받았기에 설교하게 되었다. 자신이 태어나지도 자라지도 않은 이국땅에서 살아가는 한인들의 삶은 겉보기와는 달리 매우 힘들게 살고 있음이 느껴졌다.

하나님께서 여호수아에게 말씀하신 '강하고 담대하라'는

메시지가 이들에게도 큰 은혜가 된 듯하다. 전쟁을 앞둔 여호수아를 비롯한 이스라엘 백성들에게 가장 필요한 것은 최신식 무기가 아닌 그들의 마음을 강하게 하는 것임을 하나님께서는 강조하셨다. 한국에서의 삶이든 이국땅에서의 삶이든 마음을 견고하고 강하게 하는 것이 최우선 되는 필요임을 확신한다.

갈수록 우리 모두의 마음이 너무 약해져 가는 것 같다. 마음의 연약함에서 모든 문제와 갈등이 야기되는데 이는 불안과 염려, 근심 속 불신앙이다. 불신앙은 하나님의 크신 능력과 도우심과 그분의 능력을 덧입는 삶을 막아 버린다.

예배 후에 그 유명한 노틀담 사원 앞에서 사진 촬영을 했다. 교회 안 예배 때와는 달리 교회 밖에는 사람들로 장사진을 치고 있는 모습이 눈에 들어왔다. 자유주의 신학과 인본주의의 물결이 교회를 무너뜨린 결과이리라!

시편 52편 ： 찬송가 218장(통일 369)-네 맘과 정성을 다하여

❂ **기용** (7절上) – 이 사람은 하나님을 자기 힘으로 삼지 아니하고 오직 자기 재물의 풍부함을 의지하며…

‧‧‧오직 하나님만이 나의 힘이십니다!

❂ **미선** (9절上) – 주께서 이를 행하셨으므로 내가 영원히 주께 감사하고…

‧‧‧안식년의 이 여정, 주님께서 행하신 것임을 믿습니다. '영원히' 주께 감사하게 하소서!

베르사이유 궁전과
마리 앙트와네트

⋮

한국을 떠난 지 4일째 되는 날, 파리한인연합교회 집사님 부부가 파리에서 한식당을 운영하는데 우리 부부에게 식사를 대접하겠다는 요청이 왔다. 우리는 담임목사님 부부와 함께 점심을 한식으로 먹게 되었다.

우리 부부는 한국을 떠나도 현지 음식에 잘 적응하는 편이다. 특히 빵을 비롯한 양식은 매일 먹을 수 있을 정도로 잘 적응하고 있다. 하나님께서 국제적으로 준비시키시는 이것도 하나님의 큰 은혜인 듯하다.

그런데 깜짝 놀란 것은 파리 한인 식당에 프랑스인들이 많이 와서 식사를 한다는 것이다. 비빔밥, 오리구이, 불고기, 김치찌개, 파전을 먹는 장면은 나에게는 매우 신기하게 여겨졌다. 음식도 한류인 듯했다. 하나님의 축복이리라.

주의 종들을 대접해서 그런지 그날따라 식당에 손님들이 많단다. 그러면 그렇지! 하나님이 어떤 분이신가! 할렐루야! 파리에서도 여전히 하나님이 역사하고 계심을 체험했다. 하나님은 정말 멋쟁이시다.

오후에는 몽마르뜨 언덕을 가려다가 길을 잘못 들어 베르사이유 궁전을 가게 되었다. 합력하여 선을 이루게 된 시간이었다. 베르사이유 궁전은 파리 서남쪽 23km에 지어진 절대주의 왕권의 영화를 상징하는 대궁전이다. '짐은 국가다'라고 했던 루이 14세가 20년에 걸쳐 세운 궁으로, 이후 루이 16세와 왕비 마리 앙트와네트가 호사를 누리다가 프랑스 대혁명으로 비운을 맞은 곳이기도 하다. 건물의 규모면에서나 절대왕정의 예술품에서나 세계에서 가장 크고 화려한 궁전이라고 한다.

마리 앙트와네트는 루이 16세의 아내로 경박하고 무분별하고 방탕했으며 개혁에 적대적이었다고 한다. 1789년 프랑

스 혁명과 1792년 8월 왕정 타도로 이어진 민중 소요사태가
일어나도록 자극한 장본인이기도 하다. 그녀의 방탕한 궁정비
지출은 1770년대, 1780년대에 프랑스가 막대한 국가 부채를
안게 되는 데 한몫을 했다. 그녀는 백성들이 먹을 빵이 없다는
말을 듣자 "그럼 케이크를 먹으면 되지 않느냐!"라는 유명한
(?) 말을 내뱉었다고 한다.

아뿔싸! 아무튼 그녀의 남편 루이 16세는 1793년 1월 국
민공회의 명령에 따라 처형되었고, 그해 8월 마리 앙트와네트

는 독실 감방에 감금되었다가 1793년 10월 14일 혁명재판소에서 재판을 받고 이틀 뒤 지금의 콩코드 광장에서 단두대의 이슬로 사라졌다. 민중들의 마음을 잘 헤아리지 못하는 지도자의 말로(末路)는 교훈하는 바가 크다.

겸손과 사랑으로 섬기는 리더가 되어야겠다는 결심을 해 보았다. 아무튼 어마어마한 궁전과 정원의 규모에 놀랐다. '한 사람의 사치를 위해 얼마나 많은 사람들이 희생했을까?' 생각하니 그녀의 말로가 자업자득인 것 같다.

저녁에는 이틀 전 들렀던 레스토랑에 피자와 스파게티를 먹기 위해 다시 갔다. 그런데 식당들이 비슷해 정확히 어떤 식당인지 찾지 못했다. 그때 길에서 왔다 갔다 방황하고 있는 우리 부부를 알아본 웨이터가 반가운 미소로 맞이해주어 그 식당으로 들어갔다. 식당 사람들이 나에게 미안하다고 했다. 왜냐고 물었더니 한국과 알제리의 월드컵 축구 경기 결과를 알고 하는 반응이었다. 나는 "축구는 축구다."라고 말하며 괜찮다고 했다.

'예수 그리스도의 복음 외의 이 땅의 모든 것은 비본질적인 것인데, 비본질적인 것을 본질적인 것으로 오해하고, 마음 상해하며 살아가는 우리의 미숙함이 안쓰럽다.'는 생각이 든다. 어쨌든 내 마음을 위로해 주는 종업원에게 기쁨으로 팁을 주고 나왔다. 상대방의 마음을 헤아릴 수 있는 삶이 자신에게 복으로 돌아오는 삶의 평범한 진리를 확인하게 된 하루였다.

세느강의 황홀함과 아름다움의 야경은 압권이었다.

시편 53편 : 찬송가 515장(통일 256)-눈을 들어 하늘 보라

⊠ **기용** (2절) - 하나님이 하늘에서 인생을 굽어 살피사 지각이 있는 자와 하나님을 찾는 자가 있는가 보려 하신즉

・・・하나님은 지각이 있는 자(깨닫는 자)와 하나님을 찾는 자가 있는가 보고 계시다! 늘, 언제, 어디서나, 하나님을 찾게 하소서!

⊠ **미선** (4절下) - 하나님을 부르지 아니하는도다

・・・늘, 언제, 어디서나, 하나님을 부르게 하소서!

30일간의 묵상

몽마르뜨와
개선문

:

예약 관계로 호텔을 옮기고 파리연합교회 권 목사님 자녀들의 도움으로 100년 된 레스토랑에서 식사를 했다. 3층으로 된 식당이었는데 손님들이 꽤 많았고, 가격도 적당하고 매우 맛있었다. 100년 동안 사람들의 사랑을 받는 일이란 정말 귀한 일이다. 기업이든, 식당이든, 교회든, 국가든, 100년 동안 전성기를 누리는 경우는 매우 희귀한 케이스다. 일단 이 식당은 맛과 친절함이 돋보였고, 또한 뛰어난 서비스에 비해 가격이 적당했다.

교회에도 맛있는 설교, 좋은 분위기, 겸손한 섬김은 시대를 떠나 경쟁력을 위한 필수 요건이 될 것이다.

오후에 그 유명한 파리의 명물 중의 명물 몽마르뜨 언덕을 갔다. 몽마르트 언덕은 시대별 미술 사조들의 흐름을 그대로 느낄 수 있을 정도로 문화 예술적인 정체성을 드러내는 곳이라고 한다. 얼마나 사람이 많은지… 하긴 이곳을 방문하는 여행객이 일 년에 600만 명에 이른다고 하니 창작과 예술의 장소가 분명하다.

그런데 이러한 장소가 밤에는 환락가로 변하여 여성이 혼자 걷기에는 불안할 정도라고 한다. 어쨌든 거리에는 많은 화가들이 직접 그림을 그리고 있으며 특별하고 독특한 분위기를 자아내고 있다. 전 세계 사람들이 꼭 가고 싶어 하는 동경의 거리, 그 분위기를 직접 느끼며 걸어보았다. 실제 느낌은 '과연 지금도 이곳이 창작과 예술의 장소가 맞을까' 싶었다. 창작과 예술의 거리라는 닉네임이 잘 느껴지지 않았다.

몽마르뜨라는 독특한 색깔이 지나친 상업화로 경쟁력이 약화된 것이다. 복음의 정체성을 잃은 교회와 성도는 맛을 잃은 소금과 같으리라. 마치 '몽마르트 언덕'처럼!

몽마르뜨 언덕 이후 '개선문'을 방문해 사진 촬영을 했다. 영광스러운 프랑스 역사의 상징인 개선문은 높이 50m의 건축물로 콩코드 광장에서 북서쪽으로 2.2km 거리에 있으며 샹젤리제 거리의 끝 부분에 위치해 있다. 이 개선문과 그 주위를 둘러싼 샤를드골 광장은 파리에서 가장 유명한 장소라고 말할 수 있다. 샹젤리제를 비롯해 12개의 대로가 이곳으로부터 출발한다. 이 문은 1806년 전쟁 승리를 기념하기 위해서 나폴레옹의 명령으로 착공되었으나 그는 개선문의 완공을 보지 못하고 사망하였다. 프랑스를 위해 싸운 600명의 장군들과 세계 전쟁을 위해 프랑스를 대표하여 싸운 군인들을 기리는 의미가 있다고 한다. 역시 성숙한 사회나 국가는 각 분야의 영웅들을 많이 간직하고 인정하고, 그리고 기리는 문화인 것 같다.

우리 사회의 문제는 영웅의 부재다. 영웅을 쉽사리 만들지 않는 우리 사회는 자칫 가벼워지고, 그 균형을 잃어버린 가벼움이 판치는 사회가 되는 것 같다.

다음으로는 그 유명한 샹젤리제 거리를 걸어보았다. 화려한 쇼핑의 대명사인 샹젤리제 거리에서 아내는 전혀 쇼핑에 관심이 없었다. 참 대단한 여자다. 아내에게 고맙다.

시편 54편 ： 찬송가 393장(통일 447)−오 신실하신 주

❂ **기용 (6절)** – 내가 낙헌제로 주께 제사하리이다 여호와여 주의 이름에 감사하오리니 주의 이름이 선하심이니이다

   • • • 시편 54편의 배경은 다음과 같다. "십 사람이 사울에게 이르러 말하기를 다윗이 우리가 있는 곳에 숨지 아니하였나이까 하던 때에" 십 사람이 다윗을 죽이려고 하는 사울에게 "다윗이 우리가 있는 곳에 숨어 있다"라고 말해준 그 상황에 다윗은 "낙헌제로 주께 제사하리이다"라고 고백하고 있는 것이다. 낙헌제는 그럼에도 불구하고(상황이 어떠함에도 불구하고) 자원함과 즐거움으로 기도하고 감사하고 예물을 드리는 제사를 말한다. 역시 다윗은 큰 사람이다! 늘, 언제, 어디서나 낙헌제를 드리는 저와 가족 그리고 우리 모든 성도들 되게 하소서!

❂ **미선 (4절)** – 하나님은 나를 돕는 이시며 주께서는 내 생명을 붙들어 주시는 이시니이다

···미래 목회에 대해 자신이 없고 두려워할 때 들려주셨던 주님의 음성이 생각나는 이 새벽이다. "내가 목회 잘하게 해 준다고 하지 않았니?"

묵상
5일

파리를
떠나는 날

:

파리에서 5일을 보냈다. 오늘은 로마로 가는 날이다. 오후 3
시 25분 비행기다. 패키지 상품을 통하는 여행의 특성도 있지
만, 파리와 로마에서 보내는 안식 코스 초반부는 숙소 예약부
터 이동 등 모든 계획을 내가 담당하게 되었다. 아내는 신학대
학원 첫 학기를 마치느라 밤잠도 제대로 못자며 과제와 시험
준비를 하느라 여념이 없었기 때문이다. 긴장도 되지만 좋은
경험인 것 같다. 무슨 일이든 대가를 지불하며 배우고 익힐 때
유익함이나 교훈을 얻게 되는 것 같다. 공짜는 없기 때문이다.
인생에도 좌충우돌의 상황을 통해 얻게 되는 유익이 쏠쏠하고

재미가 있는 것 같다.

호텔을 체크아웃 한 후 샤를드골 국제공항으로 가는 택시를 탔다. 차를 타자마자 기사가 교통사정이 좋지 않아 돌아가겠단다. 속이 뻔히 들여다보이는 태도이지만, 지리도 잘 모르는 우리 입장에서는 도리가 없었다. 영어도 잘 못하는 기사여서 말도 잘 통하지 않았다. 조금 일찍 도착하긴 했지만, 공항에서 파리 시내로 왔을 때보다 두 배나 더 비싼 비용이 나왔다. 소위 바가지를 쓴 것이다. 로마 공항에 도착한 후 예약한 호텔로 올 때에도 마찬가지였다. 로마 택시 기사로부터도 약간의 바가지요금을 요청받았다. 관광객들에게 기사는 그 나라를 대표하는 사람들인데, 택시 기사들의 태도나 매너가 그 나라 전체의 이미지를 왜곡시킬 수도 있을 것 같다.

그리스도인들도 하나님 나라를 대표하는 사람(시민)들이다. 우리의 삶이나 태도가 고스란히 하나님 나라를 대변한다고 볼 수 있다. 소수이지만 몇몇 택시 기사 때문에 그 나라의 이미지가 구겨지는 것처럼, 크리스천들의 잘못된 삶 때문에 하나님의 영광도 가리고 비그리스도인들에게는 하나님 나라의 실재를 왜곡(歪曲)시킬 수도 있다.

그리스도인들은 하나님 나라를 대표하는 사람들이기 때문에 섬기고 베풀 줄 알아야 한다. 당장에 조금 손해 보는 일이 있더라도 하나님의 영광을 가리는 삶을 살아서는 안 되겠다. 바가지를 씌웠던 그 프랑스 택시 기사에게는 약간의 팁을 더 얹어서 요금을 지불했다. 왜냐하면 나는 대한민국과 하나님 나라를 대표해서 이곳에 왔으니…

로마에서 앞으로의 5일은 더 풍성한 축복의 시간이 되기를 기대한다. 좋으신 주님 때문에.

시편 55편 : 찬송가 209장(통일 247)-이 세상 풍파 심하고

⊠ **기용** (12~14절) – 나를 책망하는 자는 원수가 아니라 원수일진대 내가 참았으리라 나를 대하여 자기를 높이는 자는 나를 미워하는 자가 아니라 미워하는 자일진대 내가 그를 피하여 숨었으리라 그는 곧 너로다 나의 동료, 나의 친구요 나의 가까운 친우로다 우리가 같이 재미있게 의논하며 무리와 함께하여 하나님의 집 안에서 다녔도다

••• 동료, 친구, 가까운 친우, 한때는 같이 재미있게 의논하며, 함께 하나님의 집 안에서 다녔던 사람들로부터 배신을 당했던 다윗의 마음은 어땠을까?

⊠ **미선** (22절) – 네 짐을 여호와께 맡기라 그가 너를 붙드시고…

••• 맡기고 맡기고 또 맡기자, 나를 붙드시는 하나님이 계시지 않은가!

로마에서의
이틀째

로마에서의 두 번째 날이다. 로마는 주로 겨울이 우기인데, 오늘 갑자기 천둥이 치고 번개가 번쩍이면서 비가 와 오전은 그냥 호텔 안에서 머물렀다. 인생길에는 이처럼 예상치 못한 일이나 상황들이 펼쳐진다. 여유를 가지고 주어진 상황을 볼 수 있어야겠다. 오후에 비가 그쳐 아내와 함께 무작정 로마시내로 나갔다. '떼르미니'라고도 불리는 중앙역 앞에도 가보았다. 아내가 구글 검색을 하더니 중국 음식점의 위치를 대충 알아냈다. 변화에 대한 적응력이 무척 약했던 아내의 새로운 변화를 확인하게 된 계기가 바로 이번 여행인 것 같다. 항상 내 뒤

에 숨기만 했던 아내였는데, 이제는 도전과 모험을 즐기는 듯
하다. 직접 외국인들에게 묻기도 하면서 기어코 중국 음식점
을 찾아내기도 하고 지하철도 앞서서 타려고 하는 모습을 보
며 사람은 변화될 수 있음을 알 수 있었고 나에게 확실히 제자
훈련이 된 것 같았다.

저녁에는 한국과 벨기에 전인 월드컵 축구경기를 보았다. 기대했던 결과가 나오지 못해 아쉬웠지만, 축구 강국인 이태리, 스페인, 영국 등도 조별 예선을 통과하지 못한 것에 위로 받으며 최선을 다한 코칭스태프와 선수들에게 박수를 보냈다.

시편 56편 : 찬송가 406장(통일 464)-곤한 내 영혼 편히 쉴 곳과

✵ **기용** (2절 & 5절) - 내 원수가 종일 나를 삼키려 하며 나를 교만하게 치는 자들이 많사오니…, 그들이 종일 내 말을 곡해하며 나를 치는 그들의 모든 생각은 사악이라…

　• • •'종일'이라는 단어가 마음에 확 박힌다!

✵ **미선** : 위 말씀을 풀어 생각해 보았다. '다윗도 힘들었구나!… 얼마나 지속적으로 힘들었으면 '종일'이라는 단어를 썼을까… 다윗의 고백이 위로가 되고 힘이 된다. 정말이지 우리 부부는 행복한 목회자라고 늘 하나님 앞에서나 둘이 있을 때나 진심으로 고백해왔지만 그래도 목회의 영역이 영적인 차원이기 때문에 힘들지 않을 수는 없으리라!'

시편 57편 ： 찬송가 543장(통일 342)-어려운 일 당할 때

기용 (2절) – 나를 위하여 모든 것을 이루시는 하나님…

··· '모든 것을' 그래, 하나님은 나를 위하여 모든 것을 이루어 오셨고 이루어 가시는 분이지!

미선 (5 & 12절) – 하나님이여 주는 하늘 위에 높이 들리시며 주의 영광이 온 세계 위에 높아지기를 원하나이다

··· 저희와 저희 교회를 통해 우리 주님이 하늘 위에 높이 들리시고 주님의 영광이 온 세계 위에 높아지기를 원합니다!

로마에서의
사흘째

:

매우 감동적인 하루였다. 사도 바울이 감옥에 갇혔던 곳, 참수를 통해 순교 당한 곳, 박해를 피해 숨어들었던 카타콤베 지하무덤을 방문하여 큰 은혜를 받았다. 바울의 참수 터는 약 15년 전에 방문했을 때도 한없이 은혜를 받았었는데, 이번에도 역시 그 감동은 여전했다. 주님의 임재와 음성이 들렸다.

"내가 너를 쓸 것이다!"

사도 바울이 주님 앞에 쓰임 받았던 삶은 세상적인 영화와는 너무 거리가 멀다. 그의 삶은 객관적으로 볼 때, 매우 고달 프고 힘든 여정이었다. 그러나 그 많은 이동거리와 오랜 시간 동안의 감옥생활과 핍박 등도 사도 바울의 열정을 꺾지 못했 다. 하나님 앞에 쓰임 받는 삶이 진정 어떠한 삶인지 깊이 되 새겨 보는 시간이 되었다.

섬기고 희생하기보다는 섬김 받고 대접을 받는 것에 더 익 숙해지려고 하는 삶은 아닌지 깊이 돌아보게 되었다. 영혼 살 리는 주의 사명을 감당하는 일은 참 어려운 길이다. 잘 감당해 야 할 텐데… 변질되지 말아야 할 텐데….

사도 바울과 같은 열정과 심지의 견고함과 죽음 앞에서도 꺾이지 않는 기개를 닮고 싶다. 이 세상의 명예와 권력은 결국 아무 것도 아닌데 인생들은 왜 아등바등하며 붙들려고 하고 집착하는지….

이곳 사도의 발자취를 밟으며 거대한 세속화 물결에 휩쓸 려 떠내려가지 않는 중심 잡기를 기도한다.

"주님, 아무 것도 아닌 것에 열정과 에너지를 빼앗기지 않

게 하시고, 한결같이 실제적으로 영혼 살리는 사명의 길에 집
중하게 하소서."

카타콤베 지하 무덤은 참으로 신비하다. '음회질'의 땅은
참 신비한 흙이다. 파기는 쉬우나 공기의 접촉을 받기만 하면
암반석보다 더 단단하게 굳어지는 특징은 주의 자녀를 보호하
시려는 하나님의 신비한 기적의 손길처럼 다가온다.

사도 바울이 로마에 입성할 때 타고 온 알렉산드리아 배에
묘사된 로마의 수호신 디오스구로는 바울이 가지고 온 복음
앞에 정복되었다.

복음은 하나님의 능력이다!

저녁에 아내가 먹고 싶어 해서 중국 레스토랑을 찾았다.
누군가 그 집 '탕면'이 그렇게 맛있다고 했었다. 그런데 우리
둘 다 갑자기 '탕면'이라는 말이 생각나지 않아 우리는 일하시
는 분에게 '면탕'이라고 주문했다. 처음에는 잘못 알아듣던 종
업원이 이내 '탕면'이냐고 되물어 주어 우리는 그것이 맞다고
했다. 우리는 곧 우리의 실수를 알아채고 많이 웃었다. 글자

한 자의 순서만 바뀌어도 전혀 다른 뜻이 되어 버리는데, 우리
의 삶의 우선순위도 바뀌면 아무 것도 아닌 인생이 되어 버리
는 것이리라. 아무튼 탕면의 에피소드는 우리 부부를 가끔 웃
게 할 것이다.

시편 58편 : 찬송가 400장(통일 463)-험한 시험 물속에서

❋ **기용** (11절) – 의인에게 갚음이 있고…

　••• 주님의 보혈로 의인이 될 뿐, 그 의인에게 갚음을 주시니 감사합니다!

❋ **미선** (11절) – 진실로 땅에서 심판하시는 하나님이 계시다…

　••• 어떤 상황에서도 내가 판단하거나 분노하지 않게 하소서!

로마에서의
나흘째

:

오전에는 콜로세움과 로마 개선문, 그리고 고대 로마의 포로(포럼) 로마노라는 입법, 사법, 행정의 중심지를 방문했다. 콜로세움은 듣던 대로 웅장하기 그지없었다. 당시 30만 명까지 수용 가능하게 지어졌다고 한다. 콜로세움은 생사를 건 검투사들의 결투를 무료로 보게 함으로써 백성들의 불만을 해소시키고자 하는 정책의 일환이었다고 한다. 요즘의 3S 정책과 다를 바 없는 것 같다. 세상의 세속적 문화의 거대한 물결에 그리스도인들의 영혼이 병들거나 힘을 잃는 일을 경계해야 할 것이다.

　오후에는 로마 투어의 백미가 되는 바티칸 투어를 했다. 바티칸은 하루 평균 약 15만 명의 사람들이 방문한다고 한다. 입장료 수입도 일 년에 약 6,500억 달러 정도 된다고 한다. 어마어마한 금액이다. 로마교황청의 부는 상상을 초월한다고 한다.

　바티칸 내에 있는 시스틴 성당에는 미켈란젤로가 그린 '최후의 심판'과 '천지창조'가 제단 벽과 천정에 그려져 있다. 실로 엄청난 감동이다. 천정의 천지창조는 미켈란젤로가 29세부터 4년 동안 그려 33세에 완성한 엄청난 대작이다. 이후 미켈란젤로는 한 번 더 제단 벽 그림 요청을 받는데, 그것이 그가 62세에 완성한 최고의 걸작품 '최후의 심판'이다. 그 그림의

완성 이후에 미켈란젤로의 척추는 모두 망가졌고 시력의 상실과 장기의 대부분에 손상을 겪게 되었다. 공짜는 없다는 진리의 명제를 다시 한 번 절감하게 되었다. 자기 한 몸 아끼지 않고 온전히 불태운 천재의 희생과 헌신을 통해 위대한 걸작품이 태어난 것이다.

'천지창조'와 '최후의 심판' 작품 옆에는 당시의 많은 천재들의 작품도 걸려 있었다. 그러나 미켈란젤로의 작품으로 인해 그리 주목을 받지 못하고 있었다. 아무리 천재성을 지녔더라도 철저한 자기희생과 온전한 헌신이 있어야만 뚜렷하게 구별되는 탁월함의 열매를 맺게 되나보다.

그림 '최후의 심판'에서 재미있는 내용 중 하나는 지옥으로 갈 인생들의 이름이 기록된 책이 천국으로 갈 인생들의 이름이 기록된 책보다 훨씬 크게 그려져 있다는 것이다. 복음전파와 영혼구원 사역이 그 어느 때보다 절실한 것 같다. 최후의 심판대 앞에 설 때 후회하거나 책망 받는 일이 없어야겠다.

30일간의 묵상

시편 59편 ： 찬송가 88장(통일 88)—내 진정 사모하는

⊠ **기용** (16절) – 아침에 주의 인자하심을 높이 부르오리니…

••• 성경책 여백 란에 〈2011년 4월 8일 **회 **님들과의 관계〉라고 쓰여 있는 것을 보며 마음이 찡해온다. "아침에 주의 인자하심을 높이 부르오리니…" 주님, 감사합니다~ 평생을 그렇게 살게 하소서!

⊠ **미선** (17절) – 나를 긍휼히 여기시는 하나님…

••• 저와 가정과 교회 그리고 국가를 긍휼히 여기시는 하나님을 찬양합니다!

로마의
휴일

∶

시무하는 교회를 떠나 두 번째 맞이하는 주일이다. 아내의 변
화된 도전적, 모험적 성격으로 인해 또 지하철을 타게 되었다.
로마의 지하철은 분위기가 너무 음산하고 더러워서 다시는 타
고 싶지 않았다. 대충 위치를 물어 하나님의 은혜로 로마 연합
한인교회에 도착하여 예배를 드렸다. 특이한 것은, 이 교회는
몇십 명 되는 성가대원 전체가 로마에서 유학 생활하는 전공
자들이라는 것이다. 성가대 찬양소리의 성량과 웅장함이 가히
압도적이었다.

　로마에 와서 감사한 것은 우리 서산 가족 김영자 집사의

큰 딸인 구연실 자매를 만나 함께 예배를 드리고 차도 마시고 기도하는 시간을 가진 것이다. 중, 고교시절엔 내성적이던 소녀가 성격이 밝은 적극적인 성인으로 변해 있었다. 머나먼 이국땅에서 작은 비즈니스를 꿋꿋하게 잘 감당하고 있는 모습이 대견했다. 사람은 얼마든지 개발되고 변화될 수 있음을 확인하게 되었다. 열심히 새벽기도를 드리는 김영자 집사의 자녀를 향한 기도의 응답이리라.

오후에는 물어물어 스페인 광장과 트레비 분수를 찾아갔다. 가보니 별 것 아닌데 많은 사람들이 북새통을 이루고 있었다. '로마의 휴일'이라는 영화에 나오는 장면 때문에 유명해졌다고 한다. 문화의 힘과 영향력을 느끼게 되었다. 사람들은 무언가 의미를 추구하고 있다. 영화 속의 한 장면에서도 의미를 찾아 자신도 영화 속의 주인공의 삶의 행복을 공유하고 싶어 한다. 그러나 실상, 어디를 가서 무엇을 본다 한들 예수님 없이 인간의 공허감은 채워지지 않는다. 예수님은 우리의 생명이시다. 세상과 마귀에 속지 말아야겠다.

시편 60편 : 찬송가 401장(통일 457)–주의 곁에 있을 때

기용 (11절) – 사람의 구원은 헛됨이니이다

  ··· 예, 그렇습니다. 어떤 경우에도 사람을 의지하지 않게 하소서!

미선 (12절) – 우리가 하나님을 의지하고 용감하게 행하리니…

  ··· 하나님을 의지하는 강한 믿음과 그 믿음을 멋지게 현실로 옮길 수 있는 용감함을 주소서!

로마를 떠나
터키로

:

아침 일찍 체크아웃을 하고 로마국제공항으로 향했다. 로마로 들어올 때 택시기사 때문에 마음이 약간 언짢았었기에 이번에는 좋은 기사님을 만나게 해달라는 기도를 했다. 여행을 통해 얻는 것이 참 많지만, 그에 상응하는 대가도 큰 것 같다. 재정적, 시간적 투자도 크고, 새로운 환경과 문화에 적응하는 도전에 대한 묘한 두려움과 불안을 극복하는 일 또한 큰 대가를 지불해야 얻을 수 있다.

유럽에서 하나님만을 의지하여 누구의 도움도 없이 스스로 비행기를 타고, 호텔 예약을 하고, 버스를 타고, 지하철을 경험하는 일은 나에겐 새로운 경험이다. 가이드 없이 잘 감당하고 나면, 그 만큼 자신에게는 자산이 되는 것 같다. 파리나 로마, 그리고 터키는 이제 국내에서처럼 생활할 수 있을 만큼 자신감을 갖게 되었다. 돈 주고도 살 수 없는 큰 자산이다. 물론 모든 것이 하나님의 은혜이지만 말이다.

이번 유럽 투어 중에 더더욱 느낀 것은 앞으로 대한민국 시대가 올 것이라는 사실이다. 우리나라와 같은 경쟁력을 갖춘 나라가 별로 없는 것 같다. 하나님께서 허락하신 마지막 시대 마지막 선교의 주자로 쓰시기 위함일 것이다.

터키는 깨끗하고 밝은 외부환경이 인상적이다. 그러나 이슬람 국가이고 라마단 기간이라서 그런지 영적인 눌림이 느껴졌다. 더 기도해야겠다는 생각과 아울러 이곳에서 선교하며 사는 선교사들의 영적 고충도 느껴진다.

기도하고 예배한 후 아내와 함께 마켓에 가서 비누와 가그린과 과일을 사 보았다.

시편 61편 : 찬송가 419(통일 478)−주 날개 밑 내가 편히 쉬네

⊠ **기용** (5절) − 주의 이름을 경외하는 자가 얻을 기업을 내게 주셨나이다

　　••• 부족한 사람에게 기업을 주셨습니다. 앞으로 더욱 주의 이름을 경외하는 제가 되게 하소서!

⊠ **미선** (2절) − 내 마음이 약해질 때에 땅 끝에서부터 주께 부르짖으오리니…

　　••• 다윗도 '마음이 약해질 때'가 있었음에 큰 위로가 됩니다. 사랑하는 주님, 그럴 때마다 저도 다윗처럼 주님께 부르짖게 하소서!

터키 성지 투어
시작

．

터키, 그리스를 중심으로 성지 순례를 하게 되었다. 다른 성지 순례 패키지 팀과 이스탄불 국제공항에서 만나 그들과 함께 열흘 동안 성지 순례를 떠나게 되었다. 패키지여행은 원래 일정이 빡빡하다. 그러나 우리 둘 만의 성지순례는 힘든 상황인지라, 고심 끝에 패키지 일행과 합류하게 되었다.

안식년 일정을 위해 기도하다가 아내에게 선물을 주고 싶다는 감동이 새벽에 들어 이 성지순례를 추진했다. 나는 10여 년 전에 이미 터키, 그리스, 로마 성지순례를 경험했었다. 성지는 매번 올수록 감동이 더해진다. 사실 이번 여정은 빡빡하지 않게 스케줄을 세우고 싶었다. 그러나 이번 기회가 아니면 아내가 성지에 오기란 쉽지 않을 것 같아 여행사에 문의했다. 마침 일정에 맞는 상품이 있었다. 패키지 여행팀은 처음 만난 분들이었지만, 좋은 분들과의 만남이었다. 서산이 고향인 목사님도 계셨다.

첫날은 오후 몇 시간 밖에 여유가 없어서 이스탄불에 있는 블루 모스크(모슬렘 사원) 안에 들어가 이슬람 신자들이 기도하는 모습을 보았다. 색다른 경험이었다. 이들은 하루에 다섯 번씩 기도 시간을 갖는다고 한다. 우상일지라도 이들의 신에 대한 기도의 열정은 굉장한 것 같다. 전 세계적으로 이슬람 신자의 수는 기하급수적으로 늘어나고 있고 전 세계를 포교하고자하는 치밀한 전략과 열정으로 전진하고 있는데, 기독교는 살아계신 하나님을 믿고 있음에도 불구하고 점점 열정과 수가줄어드는 것이 아이러니하고 부끄럽다. 다시금 처음 열심이 회복되어야겠다. 결국 나를 포함한 영적 리더들이 처음 사랑과 열정을 회복하는 것이 급선무라 본다.

터키 땅은 영적 부흥의 땅으로 사도들의 발자취가 서려 있

는 곳인데, 지금은 이슬람과 사단에게 넘어가고 말았다. 참 안
타까운 일이다. 촛대가 옮겨진 현장을 확인한다. 이 땅의 회복
을 위해 기도했다. 그리고 한국 교회가 그 전철을 밟지 않기를
기도했다.

　　　　　　　　　　　　　　　　　　　　　　30일간의 묵상

시편 62편 : 찬송가 363장(통일 479)–내가 깊은 곳에서

⊗ **기용** (7절) – 오직 그만이 나의 반석이시요 나의 구원이시요 나의 요새이시니 내가 흔들리지 아니하리로다

··· 오직 주님만이 저의 반석이시요, 구원이시요, 요새이십니다. 그러니 어떤 상황에서도 흔들리지 않게 하소서!

⊗ **미선** (1절, 5절) – 나의 구원이 그에게서 나오는도다 나의 소망이 그로부터 나오는도다
(My salvation comes from him My hope comes from him)

··· 주님이 아니시고는 저는 아무것도 아닙니다, 구원과 소망의 근원지인 오직 나의 주님을 찬양합니다!

묵상
12일

모세의
자팡이

:

이스탄불 박물관에 들렀다. 예전에 오스만 튀르크의 전성기 때 술탄 황제들이 살았던 궁전이 지금은 박물관으로 변모되어 있었다. 황제들이 치장하던 86캐럿 무게의 다이아몬드도 보았다. 많은 사람들이 관심을 갖는 보석이다.

그런데 사실 천국에 가면 그것과는 비교도 되지 않는 훌륭한 보석을 마음껏 누리며 볼 수 있고 밟게 될 것이다. 이 땅 인생들이 이 땅에만 소망을 두고 사는 것이 얼마나 어리석고 안타까운가! 황제들은 자신들의 권위를 드러내기 위해 화려한 왕관과 보석으로 그 몸을 치장했다. 그러나 그들도 배반당하고 어느 순간 그 화려한 영화가 끝나지 않았는가! 진정한 권위는 위로부터 주어지는 것임을 잊지 말자!

박물관에서 만난 특별한 물건은 '모세의 지팡이'였다. 엄지손가락만한 굵기에, 1미터 몇십 센티 밖에 되지 않는 조그마한 지팡이였다. 전설의 고향에 등장하던 산신령이 들고 나왔던 그런 크고 신비한 지팡이가 아니었다. 평범하고 나이 많았던 한 노인이 들고 다니던 그 지팡이를 통해 위대한 하나님의 능력이 나타났던 것이다. 지팡이 자체에 능력이 있는 것이 아니라 그 지팡이를 들고 다니던 모세와 함께 하신 주님의 능력에 초점을 맞추어야 할 것이다. 박물관에서 만난 '다윗의 칼'도 크지 않았다. 그러나 그 칼이 다윗의 손에 들려져서 가는 곳 어디에서든 승리가 있었다.

결국 사람이 중요한 것이다. 스펙보다 더 중요한 것은 사람 자체이다. 모세나 다윗은 하나님의 마음에 합한 사람들이었기에 나이 많던 모세나 어린 목동 다윗을 통해 하나님은 자신의 능력을 나타내신 것이다.

오후에는 6시간 정도 차를 타고 앙카라로 이동했다.

시편 63편 : 찬송가 438(통일 495)–내 영혼이 은총 입어

기용 (11절) – 왕은 하나님을 즐거워하리니…

• • • 늘, 언제, 어디서나 하나님을 즐거워하는 저와 가정과 교회 그리고 국가가 되게 하소서!

미선 (8절) – 주의 오른손이 나를 붙드시거니와…

• • • 주님의 오른손이 저와 가정을 붙드십니다. 우리 성도들과 교회를 붙드십니다. 그리고 대한민국을 붙드십니다. 감사합니다. 주님!

지도자의
고독

∶

앙카라는 터키의 수도이다. 터키는 2000년 동안 로마 제국의
수도이자 자신들의 수도였으며, 세계 문명의 중심지였던 이스
탄불을 뒤로하고 앙카라로 수도를 옮겼다. '터키의 아버지'라
불리는 '무스타파 캐말 아타 튀르크'는 왕정을 무너뜨리고 나
라의 지도자가 된 후 과감하게 천도(遷都)를 수행했다. 우리나
라가 행정수도를 서울에서 세종시로 옮기고자 할 때의 저항과
는 비할 수 없을 정도로 많은 저항과 반대가 있었다고 한다.

2000년 훨씬 전부터 이스탄불은 동서양을 잇는 교두보이
자 중심지였으며, 헬라·로마 문화를 꽃피운 비잔틴 문명의

중심지였다. 그런 곳을 뒤로하고 허허벌판의 앙카라로 수도를 옮긴다는 것은 쉽게 설득력을 발휘하기가 어려웠을 것이다.

그러나 무스타파 캐말은 오랜 왕정의 적폐와 모순과 부조리를 혁파하고 국가를 미래 지향적으로 새롭게 건설하기 위해서는 필수적으로 변화를 달성해야 한다는 확고한 신념으로 그 위대한 큰 변화를 이루어냈다. 그는 수도를 옮긴 이 후에 10년 동안 앙카라를 떠나지 않았다고 한다.

그의 헌신과 희생 그리고 국가 발전의 기틀을 세우고자 하는 순수한 열정과 강력한 리더십이 수도 이전을 성공하게 하였고, 지금은 터키 국민 절대 다수가 건국의 아버지로 부르고 추앙하는 수준에 이르게 되었다. 사실 이스탄불은 지정학적으로 지중해를 끼고 있기 때문에 많은 전쟁이 경험된 곳이다.

터키 사람들은 지금 무스타파 캐말의 리더십을 높게 평가한다. 터키인들은 무스타파 캐말이 중동의 어떤 나라도 따라올 수 없는 탁월한 경제 부흥, 국가경쟁력의 기틀을 닦았다고 확신한다. 터키는 유럽의 어떤 나라에도 뒤지지 않는 경쟁력을 갖춘 듯해 보였다. 앞으로 발전 가능성이 더 무한하게 여겨진

30일간의 묵상

다. 한 지도자의 혜안과 강력한 리더십이 이루어낸 결과이다.

터키는 다른 이슬람 국가와는 다르게 변화에 개방적이고, 민감성과 수용성 또한 뛰어나다. 오늘날 이스탄불은 2,000만 가까운 시민들이 살아가는 문화, 예술, 경제, 관광 등의 분야에 매우 세계적인 경쟁력을 갖춘 도시가 되었다. 오히려 앞으로 파리나 로마 보다 더 강력한 경쟁력을 갖추게 될 것 같다.

우리나라의 수도가 서울에서 세종시로 확실하게 옮겨 오지 못하고 어중간하게 된 것은 미래 국가 경쟁력을 위해서는 최선의 선택이 아니지 않을까 싶다. 사심이 없으면서 올바른 비전을 위해 목숨을 걸고 전진하는 지도자가 필요한 것 같다. 무스타파 캐말은 얼마나 고독했을까? 지도자는 고독을 두려워하지 말아야 할 것이다.

드디어 갑바도기아에 도착했다. 이곳에서 특이한 것은 로마의 카타콤베와 같은 지하 동굴 세계가 있다는 것이다. 당시 만 명 정도의 그리스도인들이 핍박을 피하여 지하 동굴에서 생존하였다는 것은 실로 하나님의 기적이라고 밖에는 설명할 수가 없다.

"그래, 하나님은 다 하실 수 있는 거야!"

　하나님의 전능하심과 신실하심, 살아계심과 자녀들을 돌
보시는 손길을 느낄 수 있었다. 어떤 경우에도 자녀들을 책임
지시는 하나님을 확신한다.

　　　　　　　　　　　　　　　　　　　　30일간의 묵상

　갑바도기아를 떠나오면서 소금호수를 찾았다. 터키 소금
의 60퍼센트가 생산되는 곳이란다. 하얗게 덮여 있는 소금을
보고 있자니 참으로 신기했다. 인간의 삶 속에서 소금이 필요
하지 않는 곳은 없는 듯하다. "너희는 세상의 소금이라"는 주
님의 말씀이 생각난다. 소금과 같은 목사가 되어야겠다고 다

짐해본다.

또다시 4시간가량 이동하여 '꼬냐'(성경의 이름은 이고니온)에 도착했다. 사도 바울의 발자취가 있는 곳이다. 나는 좋은 차로 이동하는 것도 피곤한데 사도 바울은 이 길을 거의 걸어서 복음을 들고 달려왔다니, 나 자신이 부끄럽게 여겨진다. 그 열정이 다시금 내 가슴에 옮겨 붙기를 갈망한다.

최고 좋은 힐튼 호텔에 투숙하게 되었다. 피곤해서인지 힐튼이고 뭐고 쓰러져 누워버렸다.

시편 64편 ： 찬송가 497장(통일 274)-주 예수 넓은 사랑

❈ **기용** (1절) - 하나님이여 내가 근심하는 소리를 들으시고…

(7절) - 그러나 하나님이 그들을 쏘시리니…

(10절) - 의인은 여호와로 말미암아 즐거워하며 그에게 피하리니…

• • • 다윗의 신앙을 온전히 본받게 하소서!

❈ **미선** (3절) - 그들이 칼같이 자기 혀를 연마하며 화살같이 독한 말로 겨누고…

• • • 다윗도 답답하고 억울하고 분노할 때가 있었군요. 다윗에게 위로받고 저나 우리 성도들이나 다 힘을 내게 하소서!

만남의
축복

⋮

꼬냐(이고니온)를 출발하여 '비시디아 안디옥'과 라오디게아 교회, 파묵깔레(히에라볼리)를 순례하였다. 기나긴 여정이었다. 자동차로 이동하기도 힘든데, 사도들은 이 길을 걸어 이동했으니, 그들의 열정과 끈기에 다시 한 번 큰 은혜가 된다.

계획에 없던 '루스드라'지역을 찾아 방문한 바울은 이곳에서 디모데를 만난다. 디모데의 고향인 이곳 루스드라를 방문했을 때, 바울과 디모데의 만남의 장면이 마음속에 그려졌다.

인생 가운데 가장 큰 축복 중 하나가 바로 만남의 복인데, 바울을 만난 디모데는 인생 최고의 복을 받은 것이리라! 실제

로 바울을 만난 사람들은 변화되었다. 그 속에 예수의 생명이
있었기 때문이다.

나를 만나는 사람들, 앞으로 만날 수많은 사람들이 예수
생명의 능력으로 변화되고 또 다른 디모데로 출연하길 기대
한다.

비시디아 안디옥을 들렀다. 바울의 흔적이 남아 있었다.
사도 바울은 항상 유대 회당을 찾아 복음을 전했고, 사람들이
많이 모여 사는 도시를 중심으로 사역에 집중했다.

왜 그랬을까? 효율성을 위해서였을 것이다. 인생의 삶의
에너지와 시간은 한정되어 있기 때문에 사역의 효율성은 매우
중요하다. 나는 삶의 에너지와 시간을 잘 선용하지 못하는 것
같아 회개하고 반성했다.

라오디게아 교회가 있었던 지역을 방문했다. 주님께 책망
만 받았던 교회가 바로 라오디게아교회이다. 가장 부유했던
그곳, 목화와 의료 시설이 뛰어났고 금융업이 발달해 경제적
풍요가 넘쳐났던 그곳, 프리기아 안약을 생산하던 그곳, 그러

나 주님께 책망만 받았던 그들이 살았던 그곳은 지금 촛대가 옮겨져 완전히 무너지고 대리석 흔적만 남아 있다.

한국 교회의 미래가 고민스럽다. 가장 큰 문제는 풍요로 인한 영적 빈곤의 문제이다. 벌거벗겨진 우리의 모습을 바로 발견하고 그리스도로 옷 입어야 한다. 라오디게아 교회의 문제는 자신의 벌거벗음과 눈먼 모습을 알지 못했다는 사실이다.

현대 그리스도인들의 문제 또한 자신의 빈곤을 바로 알지 못한다는 것이다. 라오디게아 교회는 차지도 덥지도 않은 교회였다. 히에라볼리의 온천과 맞은 편 산에서 녹아내린 빙산의 차가운 물이 섞여서 미지근한 물이 된다. 세상과 섞이면 자기 정체성을 잃게 되어 미지근한 신자가 된다는 것을, 라오디게아교회가 2000년 뒤의 우리에게 웅변하고 있다.

히에라볼리(팜묵깔레_ 히에라폴리스)는 사도 빌립이 순교한 곳이다. 참 이스라엘 사람이라고 주님께 칭찬 받았던 빌립은 머리의 계산이 뛰어난 사람이었지만, 주님을 만난 후 가슴이 뜨거운 주님의 사람이 되어 멀리 히에라볼리까지 와서 순교의 상황 앞에서도 뒤로 물러서지 않고 전진했던 사도이다. 말로 표현할 수 없는 주님의 기적이 아니고는 설명할 수 없는 경우이다. 주 안에서는 누구든지 가능성이 있으며, 변화될 수 있음을 사도 빌립을 통해 확증하게 된다.

시편 65편 : 찬송가 304장(통일 404)-그 크신 하나님의 사랑

◈ **기용** (11절) – 주의 은택으로 한 해를 관 씌우시니…

• • • 주님, 그동안 여러모로 부족하고 연약함에도 불구하고 주님의 은택으로 관을 씌워주셔서 진심으로 감사드립니다.

◈ **미선** (11~12절) – 주의 길에는 기름 방울이 떨어지며 들의 초장에도 떨어지니…

• • • 오직 주님의 최선의 길을 가게 하소서!

묵상
15일

소아시아
7대 교회 순례

∴

빌라델피아, 사데, 서머나, 버가모, 두아디라 등 오늘은 소아
시아 일곱 교회 중 5개 교회를 방문하였다. 한마디로 강행군
이었다.

　빌라델피아는 필로스(사랑)와 아델포스(형제)의 합성어로
서, 포도가 많이 재배되는 곳이며, 당시 교회 공동체와 성도들
은 작은 능력을 가지고도 많은 사랑을 많은 곳에 나누어 주는
삶을 살아갔다. 이로 인해 주님께 칭찬 받는 축복을 누렸다.
　말씀의 현장을 통해 사랑과 섬김의 삶은 모든 것을 다 가

진 사람들만의 몫이 아닌, 부족한 능력으로라도 얼마든지 사랑과 섬김의 주연으로 살 수 있음을 확인할 수 있어 행복한 시간이었다.

사데 교회는 금이 많이 나는 곳이었다고 한다. 여기에서 '마이더스의 손'이라는 표현이 유래되었다고 한다. 금이 많이 나다 보니 당시 사람들은 보이는 물질(금) 지향적인 삶을 살았고 정작 참된 금(믿음)을 놓치고 살아갔음을 경고하고 있다. 주님께 책망을 강하게 받은 교회이다. 사데 교회를 통해 "살았다 하는 이름은 가졌으나 실상은 죽은 자로다."라는 진단처럼, 물질을 따라 가는 삶은 우리의 삶의 참된 부요를 잃게 할 뿐만 아니라 신앙의 정체성과 생명까지도 상실케 됨을 잊지 말아야 할 것이다.

서머나 교회는 사도 요한의 제자인 폴리캅이 목회했던 교회로 주님께 칭찬만 받은 교회이다. 당시 많은 환난과 궁핍과 비방을 경험한 교회이다.

경제 유통 구조상 우상 숭배를 벗어나기 어려운 상황임에도 불구하고 그들은 경제적, 사회적 손실을 감수하면서까지 신앙의 신실함을 잃지 않았다. 물질을 포기하고 신앙을 선택했던 것이다. 가난과 사회적 환경을 피하지 않고 신앙의 순수성을 이어갔다. 그들은 극히 가난했지만 주님 보시기에는 부유한 사람들이었다.

참된 신앙은 그 어떤 타협도 용납되어서는 안 된다. 신앙 때문에 겪을 수 있는 이 땅에서의 불이익도 감수할 수 있어야 한다. 이 시대 한국 교회의 지향해야 할 방향은 서머나 교회인 것 같다. 당시 서머나 지역은 현재 이즈미르라는 도시인데, 가장 번영해 있는 도시로 생존해 있다. 신앙은 우리의 생애 전체를 대가로 지불해서라도 지켜야 할 필수적 본질이다.

두아디라 교회의 지역은 당시 상업이 번창한 곳이었다고 한다. 빌립보 교회를 바울과 함께 개척한 자주 장사 루디아의 고향이기도 하다. 상업이 번창했던 지역이기 때문에 상업의 번성을 위해 우상 숭배가 일반화 되어 있던 지역이었다. 우상 숭배에 참여하지 않으면 경제 유통 구조에서 열외 되어 큰 손해와 불이익을 겪을 수 있었다.

그래서 당시 신자들도 많이 우상 숭배에 노출되어 타협적인 삶을 사는 경향을 띄게 되었다. 이런 삶의 태도는 주님의 마음을 아프게 하는 것이며, 오히려 교회를 약화시키는 것이다.

버가모 교회가 있었던 지역은 페르가모라는 왕국의 중심이었던 곳으로서 짧은 시간에 부와 권력과 학문의 영광을 구가했던 곳이었다. 한때는 전 세계에서 가장 많은 도서를 보유하기까지 했다. 지역의 높은 곳에 우상 신을 모신 신전으로도 유명하다. 당시 교회도 그 지역과 왕국의 우상 숭배의 영향에서 자유로울 수가 없었다. 주님의 책망이 주어졌고 이기는 신앙생활을 말씀하셨다.

신앙생활은 전쟁과 같아야 한다. 이기지 않으면 모든 것을 잃게 된다. 버가모 사람들이 세상과 자기를 높이는 삶의 태도와의 싸움에서 이기는 삶을 살았다면, 페르가모의 영광을 잃지 않았을 것이다. 거대한 세속화와 자기 치장의 물결과의 전쟁에서 이기느냐 지느냐의 싸움은 지금도 맞서야 할 과제다.

시편 66편 : 찬송가 569장(통일 442)—선한 목자 되신 우리 주

❌ **기용** (10~12절) – 하나님이여 주께서 우리를 시험하시되 우리를 단련하시기를 은을 단련함 같이 하셨으며 우리를 끌어 그물에 걸리게 하시며 어려운 짐을 우리 허리에 매어 두셨으며 사람들이 우리 머리를 타고 가게 하셨나이다 우리가 불과 물을 통과하였더니 주께서 우리를 끌어내사 풍부한 곳에 들이셨나이다.

••• 용현이를 기억하시고 온전히 치유하소서!
힘들고 아프고 어려운 사랑하는 우리 성결가족 환우들을 기억하시사 치유하시고 회복시키시고 영광받으소서!

❌ **미선** (1절) – 온 땅이여 하나님께 즐거운 소리를 낼지어다
(6절) – 하나님이 바다를 변하여 육지가 되게 하셨으므로…

••• 바다를 변하여 육지가 되게 하시는 주님, 진심으로 감사드립니다. 늘, 언제, 어디서나, 하나님 앞과 사람들과의 관

계 속에서 '즐거운 소리'를 발하는 저와 우리 모든 성결 가족들이 되게 하소서!!!

에베소 교회

:

서산을 떠나 세 번째 맞이하는 주일이자 맥추감사주일이기도 하다. 지난 반년 동안 주님의 은혜로 살았다. 모든 것이 주님의 은혜이며 주님께서 베푸신 은혜와 축복이 너무 크다. 주님 앞에 더 감사하지 못했던 삶이 죄송하다.

하나님께서는 마음껏 나를 축복하시고 계신데 나는 주님 앞에 감사가 부족했다. 헛된 영광을 구하지 말아야겠다. 주님께서 '후~' 불어 버리시면 하나도 남지 않을 것을 위해 목숨을 걸어서는 안 되겠다고 다짐한다.

소아시아 7대 교회의 백미인 에베소 교회 터에서 주일예배를 드렸다. 사도 요한이 묻혀 있는 곳이다. 예수님의 어머니 마리아를 모시고 머나먼 에베소까지 와서 사명을 감당했던 요한을 묵상하니 크게 은혜가 된다. 주님의 말씀 한마디 때문에 끝까지 마리아를 모셨던 요한의 신실함도 크게 다가온다.

당시 에베소 교회는 니골라 당과 같은 이단과 우상 숭배와의 처절한 싸움 속에 놓여 있었는데, 그것을 용납하지 않는 태도는 주님께 칭찬을 받았다.

그러나 교회의 사랑이 식어짐에 관해서는 큰 책망을 받았다. 주님께서는 회개를 촉구하셨다. 주님께서 사랑의 사도 요한을 에베소에 보내셔서 말년 사역을 하게 하신 이유가 여기에 있다. 논쟁과 싸움의 분위기 속에서 서로를 향한 마음들이 좁아져 있던 당시 에베소 교회 분위기 속에서 사도 요한의 "서로 사랑하라."는 메시지가 주요했던 것이다.

그의 사랑의 외침이 귓가에 쟁쟁하다. 어쩌면 이념 갈등, 지역 갈등, 계파 갈등, 세대 갈등, 이단으로 인한 갈등 등 만연된 갈등의 분위기 속에서 우리 자신은 서로를 향해 자신도 모르게 편 가르기를 하고 있지는 않는지 뒤돌아본다. 한 형제임에도 불구하고 서로를 향한 마음이 좁아져가고 있다.

　이 시대의 문제를 해결하기 위해 가장 우선시되는 필요는 어쩌면 당연 '사랑'일 것이다. 사랑하면 목회나 가정, 사회의 모든 문제가 해결될 것인데, 우리는 자꾸만 다른 것에서 문제 해결을 하려고 몸부림치고 있는 듯하다.

　에베소는 당시 동서 로마 대제국에서 3대 도시에 들어갈 정도로 큰 도시였다. 로마 황제가 두 번씩이나 방문할 정도로 중요한 곳이기도 했다. 당시 에베소의 화려함과 타락의 모습은 발굴된 유적만 보아도 미루어 짐작케 된다.

　당시 타락상을 보여 주는 한 단면은 대형 도서관 앞에 있던 창녀촌이다. '도서관과 창녀촌' 언뜻 어울릴 것 같지 않아 보이지만 당시 사람들에게는 아무렇지 않게 보일 뿐만 아니라 자연스럽게 여겨지는 상황이었던 것 같다. 인간의 이중성을 잘 보여주는 듯하다. 도서관 생활이 상징하는 교양과 세련미 뒤에 숨어 있는 인간의 극한 타락상이 적나라하게 드러나 있는 곳인 것 같다.

　오늘날 우리나라 대학가 주변이 밤만 되면 흥청망청하는 모습으로 변한다는데, 2,000여 년 전 에베소의 모습과 별반 다를 게 없다는 생각이 들었다. 그 화려했던 에베소의 영광은 사라져 버렸다. 그렇다. 헛된 것에 빠져 주신 이에게 영광 돌리지 않는 이들의 영광은 이 땅에서 사라졌다. 오직 주님께만 포커스를 맞추어야겠다.

　주께 영광, 영광, 영광 돌리세!

　밤 배로 터키 체스메에서 히오스섬을 거쳐 나온 후 야간 페리를 타고 그리스 아테네로 건너왔다. 피곤했지만 사도 바울이 탄 배의 여건은 더 열악했을 것이라 생각하니 감사할 수밖에 없다.

　　　　　　　　　　　　　　　　　　　　　　30일간의 묵상

시편 67편 ∶ 찬송가 75장(통일 47)−주여 우리 무리를

❀ **기용** (3절) – 하나님이여, 민족들이 주를 찬송하게 하시며 모
든 민족들이 주를 찬송하게 하소서!
(5절) – 하나님이여, 민족들이 주를 찬송하게 하시며 모든 민
족들이 주를 찬송하게 하소서!

••• 민족들이 주님을 찬송케 하소서, 민족들이 주님을 찬송
하는데 저를 써주소서, 저희 교회를 써주소서!

❀ **미선** (1절) – 하나님은 우리에게 은혜를 베푸사 복을 주시
고…
(6절) – 하나님 곧 우리 하나님이 우리에게 복을 주시리로다
(7절) – 하나님이 우리에게 복을 주시리니…

••• 복을 주시는 하나님을 찬양합니다. 저와 저의 가정이,
우리 성도들과 교회가 그리고 대한민국이 하나님의 복을 받
게 하소서!

주님의
교회는

⋮

아침 배로 그리스에 도착하자마자 고린도를 향했다. 아테네로
부터 약 90킬로미터 정도 떨어진 곳이 고린도이다. 당시에는
3만여 명이 살던 큰 도시였다고 한다. 사도 바울이 에베소 다
음으로 오래 머물렀던 곳이다.

바울은 이곳에서 약 1년 반 정도 머무르면서 복음을 전하
고 사역을 했다. 아볼로라는 사역자를 통해 복음이 증거 되고
사도 바울을 통해 복음으로 양육되고 부흥이 일어났던 곳인
고린도 교회는 후에 바울의 고린도전서를 통해 주님께로부터
매우 책망을 받게 된다.

고린도 교회의 문제는 크게 당파주의와 성적 타락이었다. 아볼로를 통해 은혜를 받은 사람들을 중심으로 아볼로파, 후에 바울을 통해 은혜를 받은 사람들을 중심으로 바울파, 이도 저도 아닌 예수님파 등 다양한 그룹들이 당을 짓고, 갈등 양상에 놓여 있던 교회 공동체였다. 이에 바울은 우리 모두가 예수 그리스도에게 속한 하나의 공동체임을 강조한다. 바울은 우리가 자신의 공을 낮추면서 오로지 예수 그리스도의 몸을 세우는데 집중해야 한다고 말한다. 그리고 자신의 세례 주는 일마저도 교회 공동체의 밸런스를 위해 지양한다. 그리스도의 몸을 올바로 세우고자 하는 바울의 성숙함과 자기 부인의 태도가 매우 아름답게 여겨진다. 아볼로의 사역을 부인하거나 무시하지 않고 자기 색깔만을 강조하지도 않은 바울의 사역 자세는 주님을 경외함에서 오는 자연스러운 발로이리라! 이것이 바로 "나는 날마다 죽노라(고전 15:31)"고 고백한 자기 부정의 십자가의 삶이리라!

사역자의 유혹 가운데 하나는 자기 리더십 강화를 위해 전임 사역자들의 사역 열매를 부정하거나 무시하는 일이다. 이

같은 태도가 바로 주님의 몸인 교회의 약화와 혼돈을 가져올 수 있는 것이다.

그리스도 중심의 사역자는 바울과 같은 자세를 견지해야 한다. 자신의 흔적을 각인시키는 유혹에 대한 끊임없는 부인을 통해 그리스도 중심적인 사역의 자세로 주님의 몸인 교회를 평강 가운데 세워갈 수 있어야 한다. 그럴 때 오히려 바울처럼 고린도 교회를 포함한 교회 앞에서도 권위와 리더십을 더욱 강하게 확보할 수 있을 것이다.

또 고린도 교회의 문제는 성적인 유혹이었다. 고린도 지역은 워낙 성적으로 자유분방했던 지역이었다고 한다. 동성애도 일반적이었다고 한다. 이 분위기가 교회 공동체 안으로 스며들었고, 성도들의 삶 속에도 부정적 영향을 미치게 된 것이다.

그래서 고린도 교회를 향한 주님의 책망이 고린도전서를 통해 준엄하게 임하게 되었다. 오늘날 교회와 성도들의 삶에 경계가 되는 부정적 상황과 가장 밀접하게 닮은 것이 바로 고린도 교회인 것 같다.

오후에는 많은 아덴의 철학자들 앞에서 사도 바울이 복음을 변증한 아레오바고 언덕을 찾았다. 담대하고 지혜롭게 부활의 복음을 증거 하던 사도 바울의 모습이 눈에 그려진다. 우상들이 충만한 아테네 도시에서 한 영혼이라도 구원코자 하는 바울의 몸부림과 열정이 느껴진다. 바울은 유대인임에도 불구하고 이곳 그리스 아테네에서 헬라어로 그들에게 예수 그리스도를 증거 했다.

하나님은 준비된 자를 통해 국경, 언어, 문화, 세계관의 장벽을 뚫고 복음을 전하신다. 바울은 준비된 자였기에, 하나님께서는 그를 이방인의 사도로 세우셔서 지경을 뛰어 넘어 사

용하셨다. 하나님의 준비하심에 민감하여 세월을 아껴 잘 준비된 자가 되어 더욱 귀하게, 넓고 깊고 크게 쓰임 받는 생애가 되어야 한다. 바울처럼!

그리스는 온통 신화에 나오는 우상들로 가득하다. 그래서 1456년에 불로 잿더미가 되기도 했고, 지금은 유럽에서 가장 힘든 경제적 어려움을 겪고 있다. 국가의 빚이 자그마치 약 900조가 된다고 한다. 130년을 갚아도 갚을 수가 없는 액수라고 한다.

다시금 복음 앞에 영적, 정신적, 사회적 변화가 일어나야만 하나님의 도우심과 회복의 역사를 경험할 수 있을 것이다. 그리스는 하나님 앞에 인격적으로 나아가야 다시 일어날 것이다.

우리 부부의 새벽 QT

시편 68편 : 찬송가 415장(통일 471)-십자가 그늘 밑에서

기용 (34절) - 너희는 하나님께 능력을 돌릴지어다

• • • 사역하면서, 살아가면서 하나님께 능력을 돌리게 하소서!

(35절) - 이스라엘의 하나님은 그의 백성에게 힘과 능력을 주시나니…

• • • 사역하면서, 살아가면서 모든 힘과 능력은 오직 하나님께로부터 오는 것임을 잊지 않게 하소서!

미선 (19절) - 날마다 우리 짐을 지시는 주…

• • • 날마다, 날마다 우리 짐을 져 주시는 주님을 찬양합니다. 감사합니다. 저 또한 날마다 그 은혜를 잊지 않고 감사하며 찬양하게 하소서!!!

순전한
수용성

:

차량으로 약 1,000킬로미터를 이동했다. 아테네에서 베뢰아를 거쳐 데살로니가(끼)에까지 이동했다. 지금까지 살아오는 동안 가장 차를 많이 탄 하루였던 것 같다. 사도의 여정은 어떠했을까? 사명과 복음에 붙들린 사도는 생명도 귀한 것으로 여기지 않았기 때문에 그 여정이 길게 여겨지지 않았을 것이다.

베뢰아 지역을 방문하여 사도께서 설교하신 비마(설교단)에 손을 얹어 보았다. 바울의 영성을 사모하며 손을 얹어서인지 큰 감동이 밀려들었다. 베뢰아 지역은 사도 바울이 데살로니가에서의 박해를 피해 숨어 들어오신 곳인데, 데살로니가에서 약 90킬로 떨어져 있는 곳이다. 바울은 그곳에서도 만나는 사람들에게 복음을 전했다. 당시 베뢰아 사람들은 데살로니가 사람들과는 달리 의외로 말씀을 순전하게 받고 그 말씀이 그러한가 하여 묵상하고 연구하는, 마음 밭이 참 좋은 사람들이었다. 성경은 이 사람들을 신사적인 사람들로 표현하고 있다.

진정으로 신사적인 사람은 하나님의 말씀과 관련하여 평가할 수 있어야 한다. 하나님의 말씀에 대한 수용성이 사람마다, 지역마다, 교회마다 다 다른 것 같다. 데살로니가와 베뢰아 지역에서의 복음 전도자는 같았다. 그러나 말씀에 대한 수용성은 하늘과 땅 차이였다. 한쪽은 핍박이었고 한쪽은 부드러움의 수용이었다. 양쪽 지역의 거리는 얼마 되지 않지만 참 아이러니하다.

설교자(전도자)가 말씀에 대한 반응과 수용성에 너무 민감할 필요는 없는 것 같다. 그들의 반응에 마음이 흔들리거나 갈피를 못 잡거나 할 필요도 없다. 그렇게 되면 설교자나 전도자가 낙심할 수 있기 때문이다. 말씀을 받는 사람들의 옥토의 마음을 위한 중보기도가 정말 필요한 것 같다.

데살로니가는 당시 알렉산더 왕과 아리스토텔레스의 고향이기도 한 대도시였다고 한다. 반면, 베뢰아 지역은 작은 시골 지역이었다고 한다. 지금도 데살로니가는 그리스의 제2의 도시이며, 베뢰아는 작은 시골 도시이다. 그러나 주님께서 보실 때 어느 곳이 큰 곳이었는  가? 하나님의 말씀에 대한 수용성이 순전해야 한다. 말씀 앞에는 항상 겸손해야 한다. 베뢰아 지역은 참 평온하게 여겨졌다. 베뢰아가 주님 보시기에 데살로니가보다 더 크게 여겨짐은 나 혼자만의 느낌일까!

시편 69편 ： 찬송가 461장(통일 519)–십자가를 질 수 있나

⊠ **기용** (30절) – 내가 노래로 하나님의 이름을 찬송하며…

• • • 어떤 상황에서도 하나님의 이름을 찬송하게 하소서!

⊠ **미선** (5절) – 하나님이여 주는 나의 우매함을 아시오니…

• • • 하나님이여, 저의 우매함을 아시죠? 도우소서. 생각과
말을 조심하게 하소서, 온전히 다스려 주소서!

변질에서
회복으로

∴

서산을 떠난 지 20일 정도 되는 것 같다. 성지 순례 여정은 매우 빡빡한 일정이라 안식의 재충전을 위한 최선의 선택일지 고민하며 추진했다. 새벽기도 때 주신 감동에 순종하는 마음으로 전체 스케줄에 이번 성지순례 일정을 넣었는데, 강행군이긴 했지만 주님의 은혜와 서산 성결 가족들의 중보기도 가운데 스스로 놀랄 정도로 지치지 않는 순례를 하고 있다. 또 한 번 중보기도의 능력을 실감하게 되었다. 순종할 때 주님의 축복하심이 얼마나 큰지 확인할 수 있는 은혜로운 시간들이다. 제 아무리 전 날 여정이 힘들었을지라도 다음 날 새벽 4시

50분이 되면 어김없이 눈이 떠졌다. 덕분에 새벽 제단을 쌓을 수 있었고, 새벽에 주시는 은혜가 매우 컸다.

오늘은 그리스에서의 마지막 일정이다. 사도 바울의 2차 전도 여정을 역으로 추적해 보는 여정이었다. 아볼로니아, 네압볼리(사도 바울이 마게도냐 환상을 본 후 유럽 선교로 방향을 정하고 나서 처음 발을 내디딘 유럽 땅), 빌립보, 암비볼리 등 정말 사도 바울의 전도의 숨결을 느낄 수 있었던 소중한 시간이었다. 마게도냐 환상을 통해 소아시아로 가기로 했던 선교 계획을 전면 수정하고 성령의 인도하심에 순종했던 사도 바울의 신실함과 그 깨어 있던 흔적의 감동을 2,000년이 지난 지금도 나는 느끼고 경험하고 있다.

영혼 구원 사역은 쉬운 길이 아님을 다시금 느낀다. 성령의 인도와 감동에 순종한 이후 네압볼리를 통해 유럽 선교의 첫발을 디딘 그들을 기다리고 있던 것은 매질과 감옥이었다. 바울과 실라가 갇힌 감옥을 방문했다. 그곳에서 만신창이가 된 몸에 굴하지 않고 찬양과 기도를 선택한 바울과 실라의 야성적 영성이 한국 교회를 살리는 대안인 것 같다.

유럽의 첫 교회는 감옥에서 시작되었다. 또, 유럽 교회의 첫 출발은 사도들의 피흘림인 동시에 세상적으로 내세울 것이 없는, 부족하고 약한 루디아와 같은 신실한 평신도의 헌신으로 시작되었다. 감옥에서도 꺾이지 않았던 열정과 복음 앞에 목숨을 건 사람들의 숫자가 비록 소수일지라도 그들을 통해 주님은 견고한 로마를 정복하셨다.

그런데 지금은 오히려 목회자도 많고 신자의 수도 많은데 교회가 세상을 이기지 못하고 있다. 빌립보 교회나 초기 교회가 세상을 능히 이겼던 힘과 비결은 믿는 자의 수가 많고 적음에 있지 않았다. 주를 따르는 소수의 사람일지라도 그 소수의 신실한 사람들을 통해 교회는 세상을 이길 수 있었다.

그렇다면 그들은 언제 무너졌는가? 그 수가 많음을 자랑하고, 세력이 권력을 형성하고, 그렇게 자기 정체성을 잃어 버렸을 때였다. 역사가 제시하는 교훈은 분명하다. 다시 기본으로 돌아가야 한다. 그리고 죽어야 사는 것처럼 다시 주를 위해 죽을 수 있는 각오로 주를 따르는 삶만이 우리를 또한 한국 교회를 살리는 길이 될 것이다.

돈을 좇아 두아디라로부터 먼 길을 와 장사에 최선을 다하며 살던 한 여인이 강가에서 바울을 만났다. 루디아였다. 이 만남으로 루디아는 가치관과 세계관이 바뀌고 주님께 인생의 소망을 두는 삶으로 완전히 변화되었다.

칠흑 같이 어두운 감옥에서 피로 범벅이 된 가운데 찬양과 기도의 영으로 충만했던 바울을 만나고 결국 회심하여 헌신했던 간수와 같은 사건들이 왜 우리에게는 일어나지 않는가? 궁극적인 문제는 나 자신이다. 나, 그리고 우리가 변질되고 말았다. 나와 우리의 변질은 바울의 현장에 나타난 드라마틱한 감격들을 맛보지 못하게 한다.

주여, 용서하소서! 변화시켜 주소서!

그리스에서의 4일간의 일정(바울의 2차 전도의 여정의 순례)을 마치고 차로 국경을 넘어 다시 터키로 왔다.

시편 70편 : 찬송가 220장(통일 278)-사랑하는 주님 앞에

❋ **기용** (4절) – 주를 찾는 모든 자들이 주로 말미암아 기뻐하고 즐거워하게 하시며…

•••저를 위시하여 우리 서산성결가족들이 더욱 주님을 찾게 하소서!

❋ **미선** (5절) – 나는 가난하고 궁핍하오니…

•••저희 모두의 영과 혼과 육이 주님으로 인해 부요해지기 원합니다!

본질로
돌아가자

：

터키 그리스 성지순례의 마지막 날이다. '성 소피아 교회'라고
하는 곳을 방문하였다. 동서 로마 제국 신앙의 중심이었던 웅
장한 소피아 교회는 15세기 오스만 튀르크의 정복 아래 이슬
람 사원으로 변모했다가 지금은 이도 저도 아닌 관광 명소로
만 사용되고 있다.

　사도들과 믿음의 선배들의 생명을 건 복음 전파 사역으로
교회가 부흥하고, 그렇게 수많은 믿음의 사람들이 일어났던
표적 중의 하나가 성 소피아인데, 지금은 타종교의 중심이 되
고 교회의 영광을 잃어버리고, 선교 대상 지역의 표상이 되어

버리고 말았다.

'왜 이런 안타까운 일이 일어났을까?'

이번 성지순례 기간 동안 줄곧 이 질문에 대한 명쾌한 해답을 찾기 위해 하나님 앞에서 꾸준히 진지한 몸부림을 쳤다. 교회의 영광과 부흥의 상징에서 이슬람의 힘의 상징으로 통째로 넘어가 버리는 비극적 상황이 다시 되풀이 되어서는 안 되기 때문이다. 소피아 성당을 둘러보는 일은 빼앗긴 하나님의 것을 다시 찾아 회복시켜야 한다는 절박한 심정으로 깊이 기도하며 몸부림치는 시간이었다.

나 나름대로 정리해보면 '그리스도인들의 그릇된 탐욕으로 인한 싸움이 크게 원인이 되었다'고 본다. 십자군 원정 때 십자군은, 같은 하나님을 믿고 있던 비잔틴 제국의 중심이자 교회가 찬란하게 부흥했던 아딸리야 반도(지금의 터키)의 콘스탄티노플(지금은 이스탄불)을 침략하여 약탈과 온갖 만행을 저질렀다. 이 사건은 그 지역 민초들의 민심을 그 바닥으로부터 크게 이반시키는 계기가 되었다. 이런 식의 반기독교 정서가 크게 작용하던 중 15세기 오스만 튀르크의 침공 때, 그들은 스

30일간의 묵상

스로 대문을 열어젖히는 격으로 쉽게 무너지고 말았다.

또 한 가지는 당시 교회의 생명력 약화라고 생각한다. 사도행전에 나오는 초대교회의 모습은 세상 권력과 밀착되어 그 높은 지위를 자신들의 안위만을 위해 이용하던 교회 공동체 및 리더의 모습과는 전혀 다른 모습이었다. 당시 무너지기 전 교회는 사도들의 전통을 잇는 교회라고 볼 수 없었다. 역사는 이 질문 앞에서 말문을 닫을 수밖에 없다. 교회 공동체의 형식적 구성원은 많았으나 그 생명력은 이미 껍데기만 남은 거대한 사라진 공룡의 모습과 같다고 할 수 있다.

터키 지역의 이슬람화를 바로 보면서 한국 교회와 우리 민족의 내일에 대해 매우 착잡한 마음이 들지 않을 수 없었다. 요즘 대한민국에도 기독교를 향한 민심 이반이 매우 심하다. 교회와 목회자들의 부족함뿐만이 아니라 기독교 전체가 영적 싸움에 기진해 진 것도 매우 심각한 문제인 것은 분명하다.

그러나 한국 교회의 서로 다투는 모습이 아마도 더 큰 문제인 듯싶다. 한국 교회는 하나님의 은혜와 축복하심으로 어느 순간 을에서 갑의 위치가 되었다. 문제는 한국 교회나 그리스도인들이 더 겸손히 세상을 섬기지 못하고 눈앞에 보이는 욕심으로 믿음의 형제들끼리 서로 다투고 싸우는 모습을 보이고 있다. 결국 이러한 모습들이 민심의 이반을 가져오고 있다. 그리고 복음이 아닌 이데올로기 문제에 휘말려 교회의 순수성을 잃어버리고 있다는 것이다.

한국 교회 공동체나 리더는 지금 복음이 아닌 비본질적인 정치 이데올로기 문제로부터 몇 걸음 떨어져야 할 것이다. 나부터 자유롭지 못했던 것을 회개한다. 지금 한국 교회는 순수한 복음 전파나 영혼 구원의 문제와 전혀 관계가 없는 세상 문제로 인해 욕을 먹고 비방을 받고 있지 않는가? 복음이 아닌 것에 에너지를 쏟고자 하는 유혹에 말려서는 안 되겠다.

교회 공동체나 그리스도인들은 이제 갑의 위치를 내려놓고, 더 낮은 자세로 사랑하고 섬기며 뜨겁게 영혼 구원을 위해 사역하는 일에 집중하고 또 집중해야 한다. 그렇게 하는 것이 한국 교회가 다시 사는 길임을 터키 지역의 이슬람화를 보면서 뼈저리게 느낀다.

시편 71편 : 찬송가 301장(통일 460)−지금까지 지내온 것

※ **기용** (5절) − 주 여호와여 주는 나의 소망이시요 내가 어릴 때부터 신뢰한 이시라

• • • 그러하기에…

(8절) − 주를 찬송함과 주께 영광 돌림이 종일토록 내 입에 가득하리이다
(10절) − 나는 항상 소망을 품고 주를 더욱 찬송하리이다

• • • 이렇게 살게 하소서!

※ **미선** (13절) − 내 영혼을 대적하는 자들이 수치와 멸망을 당하게 하시며 나를 모해하려 하는 자들에게는 욕과 수욕이 덮이게 하소서

• • • 주님께서 맡기신 사역을 감당할 때 '넉넉히' 감당하게

하소서!

(21절) – 나를 더욱 창대하게 하시고 돌이키사 나를 위로하소서

 •••연약함을 아시는 주님께서 새롭게 하사 더욱 창대하게 하시고 또한 위로해 주소서!

터키 이스탄불에서
이탈리아 베네치아를 향하여

⋮

터키 이스탄불에서 이탈리아 베네치아로 이동을 했다. 가이드의 도움 없이 문화가 다른 나라에서 잠을 자고 직접 공항에 가서 비행기로 이동하는 일들은 크고 작은 긴장을 가져 오지만, 그 모든 일들을 스스로 해내는 것은 자신의 삶에 큰 자산이 될 것이다.

아무튼 터키 공항을 거쳐 (약 1시간 정도 연착을 포함) 2시간 30분 비행 후 베네치아 공항에 잘 안착한 후 예약한 숙소까지 무사히 도착했다. 하나님께 감사드린다.

베네치아는 친한 친구 목사님께서 안식년 때 시간을 보내신 곳으로 매우 좋다 하며 적극 권하신 장소였기에 기도하는 마음으로 안식 스케줄에 넣게 되어 3박을 했다.

베네치아는 인공으로 118개의 섬을 연결하여 만들어진 물의 도시이다. 한마디로 말하면, 물 위에 떠 있는 도시라고나 할까? 첫인상은 엄청 많은 관광객들이 보여서 약간 실망이었다. 조용히 쉴 수 있는 휴양지인 줄 알았던 것이다.

그래도 4일간 열심히 보고 듣고 부딪혀 경험하는 모든 상황들이 내 속에 긍정적 에너지로 쌓이길 기대했다. 중국 레스토랑이 눈에 띄어 배가 남산이 되기까지 음식을 먹었다. 안식 후 날씬해져 만나기로 한 자녀들의 얼굴이 부담으로 떠오르는 밤이다.

시편 72편 : 찬송가 362장(통일 481)-주여 복을 주시기를

기용 (1절) - 하나님이여 주의 판단력을 왕에게 주시고…

• • • 사역을 감당해 나갈 때에 주님의 판단력이 필요할 때가 많습니다. 도와주소서!

(4절) - 그가 가난한 백성의 억울함을 풀어주며 궁핍한 자의 자손을 구원하며…

• • • 가난하고 궁핍한 사람들을 향하여 항상 주님의 마음으로 다가가는 목회자 되게 하소서!

미선 (17절) - …사람들이 그로 말미암아 복을 받으리니 모든 민족이 다 그를 복되다 하리로다

• • • 부족하고 연약하지만 오직 주님의 능력으로 인해 사람들이 저희로 말미암아 복을 받게 하시고 모든 민족이 다 저희를 복되다 말하게 하소서!

베네치아
정복하기

:

우리가 기대했던 한적한 평온함과는 달리 베네치아는 인산인
해를 이루어 사람들로 홍수가 되어 있었다. 미리 이런 분위기
를 잘 알아두지 못했기 때문에 우리는 속으로 적잖이 당황했
다. 사실 아내와 나는 지나치리만치 보통 사람들이 좋아해 찾
는 유명 명소 구경이나 관광에 큰 만족을 느끼지 못하는 것 같
다. 그래서인지 이곳에서 계획된 4일을 어떻게 보내야 할지
걱정이 되기도 했다.

먼저 이곳을 찾아 왔던 친구 목사님의 말을 기억하며 베네
치아의 118개 섬 중에서 제일 유명한 무라노 섬과 부라노 섬

을 찾아 가기로 했다. 베네치아에서의 이동은 수상으로 해야 하기 때문에 우리는 수상버스를 탔다.

　복잡한 수상버스 노선에 관한 선지식이 전혀 없는 상태에서 무작정 호텔에서 나왔기에 우리는 어디로 가서 무라노 섬과 부라노 섬으로 가는 수상버스를 타야 할지 난감했다. 무조건 묻고 부딪히기로 마음먹었지만 내심 당황스러웠다. 아내와 수상버스 티켓 구매하는 곳인 줄 알고 줄을 서서 기다리고 있는데, 뒤에서 한국말이 들렸다.

　"아저씨, 티켓 구매는 줄 서지 않고 저쪽으로 가시면 돼요."

　'아니, 베네치아에서 한국말을 듣다니!' 깜짝 놀라 뒤돌아보니 한국에서 온 젊은 청년 네 명이 있었다. 너무 반가웠다. 이곳에 와서 깜짝 놀란 것은 한국에서 온 젊은이들이 굉장히 많이 눈에 띈다는 것이다. 특히 이곳 베네치아에서는 결혼한 것 같지 않은 한국인 남녀의 젊은 커플들을 많이 만날 수 있었다. 반갑기도 했지만, 사실 걱정이 되기도 했다.

　결혼 전에 대학생 나이 또래의 젊은 남녀가 외국까지 함께 여행 온 것을 바람직한 현상으로 받아들일 수는 없다고 본다. 성 윤리의 개방화는 그 나라나 민족의 붕괴와 멸망을 가져왔음을 역사가 증명할 뿐만 아니라 하나님의 말씀에도 어긋나기 때문이다. 성적 타락은 반드시 하나님의 심판을 가져오며 자신의 삶에도 그 대가를 지불하게 된다. 또한 미래 결혼 생활에도 부정적인 영향을 크게 미치게 될 것이다.

어쨌든, 우리 부부는 첫 번째 목적지인 무라노 섬으로 향했다. 무라노 섬은 아름다운 유리로 만든 제품들을 생산하기로 유명하다. 수상버스 안에서 네 명의 한국인 남자 대학생들과 대화를 나누었다. 어떻게 오게 되었느냐고 물었더니, 학교 프로젝트 장학생으로 선발되어 독일 자동차 회사 견학 후에 이곳까지 기차를 타고 오게 되었다고 한다. 한국인의 피가 흘러서인지 외국에서 만난 한국인들은 무척 반가웠다.

아내와 나는 아름다운 유리 공예 작품을 제작하는 곳을 찾아갔다. 그곳은 유리를 1000℃가 넘는 불에 넣었다가 꺼낸 후 자유자재로 예술 공예 작품을 만드는 과정을 실연으로 보여주는 곳이었다.

물론 입장료가 있었다. 입장료를 지불하고 안에 들어가 감상을 하려고 하는데, 배에서 만났던 그 네 명의 남학생들이 눈에 띄었다. 들어오려고 하다가 입장료 때문에 들어오기를 포기하고 발길을 돌리는 것이 아닌가!

아내와 나는 갑자기 누가 시킨 것도 아닌데, 그 젊은이들을 향해 가고 있었다. 그리고 그들의 입장료를 대신 내주고 함께 관람했다. 베네치아에서 처음 만난 한국의 젊은이들이지만 이들을 향한 투자가 바로 우리나라를 향한 투자요, 나 자신을 위한 투자라는 생각이 들어서였다.

무라노 섬의 아름다운 유리 공예 투어를 마치고 부라노 섬으로 향하기로 했다. 사실 나는 그 아름다운 유리 공예 작품들에 대해 전혀 욕심이 없는 아내를 만나게 하신 하나님께 너무 감사하다. 아내는 여행 와서든 국내 어디서든 무엇을 사는 것에 대해 지나치리만치 욕심이 없다. 그래서인지 여행 가방이 한국을 떠날 때나 이십 며칠이 지난 지금이나 무게가 똑같다. 아! 아내는 오히려 한국에서 채 못쓴 선크림과 로션 등을 가지고 와서 정말 '구두쇠' 같이 끝까지 다 사용하고 난 후 그 잔재를 이곳에 버리는 기쁨을 만끽하고 있는 듯하다.

한 가지 에피소드가 있다. 우리는 오늘 부라노 섬으로 가는 수상버스를 타다가 실로 엄청난 일을 경험했다. 어떤 수상버스가 정박해 있길래 물었더니 부라노 섬으로 가는 수상버스란다. 무라노 섬으로 올 때 아내를 서서 오게 했었는데, 그 미안함에 이번에는 앉아서 가게 해야겠다는 생각으로 얼른 빈 좌석을 잡으러 배 안으로 들어갔다.

그런데 이게 웬일인가! 아내가 수상버스에 타지 않은 것이 아닌가!

사진을 찍는데 정신을 쏟던 아내를 놓아두고 나만 탄 채 그만 부라노 섬을 향하는 수상버스가 떠나고 만 것이다. 직원들에게 내 아내가 타지 않았다고 말했지만 수상버스는 멈추지 않고 물살을 가르며 계속 달렸다. 너무나 갑자기 일어난 일인지라 아내와 나는 멀리에서 서로를 물끄러미 바라보다가 헤어지게 되었다. 게다가 전화를 내 것만 로밍해 간 탓에 연락도 되지 않아 너무 답답한 상황이었다. 아내는 어떻게든 돈을 절약할 수만 있다면 조금 불편해도 그 방법을 택하곤 한다.

'어떻게 이런 일이 내게 일어났지?' 실감이 나지 않았다. 별 생각이 다 들었다. '내가 무라노 섬으로 돌아가야 하나? 아내가 다음 수상버스로 이곳에 올까?' 연락할 방법이 없기에, 서로 어긋날 수 있는 위험성을 최소화하는 일환으로 나는 부라노 섬에 도착해서 아내를 기다리기로 마음먹고는 하나님께 간절히 기도했다.

"아내가 부라노 섬으로 오는 배를 타고 와서 안전하게 만날 수 있게 도와주소서."

다음 배로 온 아내와 다시 상봉하기는 했지만 그때의 충격이 좀 커서인지 약간의 어지럼증이 왔다.

언젠가는 이 땅에서 사랑하는 이들과 헤어지게 될 것이다. 아내와 떨어져 있는 시간 동안에 헤어짐에 관해서 깊이 생각해 보았다.

'다시 만날 기약이 없는 영원한 헤어짐은 얼마나 더 안타까운 상황일까?'

오늘 우리의 만남 가운데 주님께서 주시는 영생의 복음의 축복이 얼마나 크고 영광스러운지 묵상하는 하루였다. 나는 아내가 사진을 찍다가 결국 수상버스를 놓치게 된 사건을 생

각하며, 한눈 팔면서 신앙생활하면 어떤 순간에 큰 낭패를 겪을 수 있음을 뼈저리게 경험했다.

부라노 섬은 염색과 오색찬란한 건물 색깔 장식으로 유명하다. 별것 아닌 것이라도 컨셉트와 철학에 기반을 두어 치밀한 기획력으로 환경을 구성하면 탁월한 경쟁력을 가져오게 되고 더 나아가 많은 경제적 부가가치를 창출하는 것을 부라노 섬을 보며 깨닫게 되었다. 나라뿐 아니라 목회 사역도 좀 더 깊은 사고와 철학적 사고가 필요하다는 깨달음을 갖게 되었다.

부라노 섬에서 돌아오면서 우리는 성 마르코 광장, 리알토

30일간의 묵상

다리, 탄식의 다리 등을 구경하고 큰 해협을 끼고 도보로 호텔까지 걸어왔다. 걸어와서 보니 캐널 그런데 저 끝에서 이 끝까지 걷게 된 하루였다. 성 마르코 광장에서 연주자들의 연주를 들으면서 커피를 마시는 시간은 참 평안하고 행복한 시간이었다. 그때 주님의 음성이 들리는 듯했다.

"천국을 이곳과 비교할 수 있겠니?"

'천국을 사모하며 살아야지!' 라고 다짐해 본다.

시편 73편 : 찬송가 484장(통일 533)–내 맘의 주여 소망 되소서

❈ **기용** (25절) - 하늘에서는 주 외에 누가 내게 있으리요 땅에서는 주 밖에 내가 사모할 이 없나이다

••• 제가 어려서부터 붙들었던 말씀임을 주님, 아시죠? 지금까지 인도하시고 축복하신 하나님, 앞으로도 평생 이 말씀 붙들고 살아가게 하소서!

(28절) - 하나님께 가까이 함이 내게 복이라

••• 늘, 언제, 어디서나, 하나님을 가까이하는 저와 우리 서산성결가족들이 다 되게 하소서!

❈ **미선** (22절) - 내가 이같이 우매 무지함으로 주 앞에 짐승이오나…

••• 부족하고 우매 무지함으로 주님 앞에 짐승입니다. 주

님, 불쌍히 여겨주시고 도와주소서!

(23절) - 내가 항상 주와 함께 하니 주께서 내 오른손을 붙드셨나이다

⋯ 부족하고 우매 무지한 제가 몸부림침으로 주님을 찾으니 우리 주님께서 저의 오른손을 붙드셨습니다. 감사합니다. 주님!

참된 순례의
길

주일이라 아내와 나는 전날부터 베네치아 한인교회나 베네치아에 있는 개신교회를 찾고자 인터넷을 검색했지만 발견하는 데 실패했다. 그래서 주일 아침 일찍 호텔 프론트 직원에게 개신교회가 어디에 있는지를 물었다. 그 사람은 정성껏 인터넷 검색까지 해서 주소와 대략의 위치를 가르쳐 주었다. 뙤약볕 아래에서 아내와 나는 지도상의 대략적인 위치 표시를 가지고 한 시간 삼십 분 가량 찾기를 시도했다.

　그런데 그곳은 유대인 회당이었다. 우리는 끝내 교회를 찾지 못했다. 이 넓은 도시에서 개신교회 하나를 발견하지를 못

　　　　　　　　　　　　　　　　30일간의 묵상

했으니, 얼마나 슬픈 일인가! 아내와 나는 너무나 안타까운 마음으로 호텔로 돌아왔다. 그리고 어쩔 수 없이 둘 만의 주일 예배를 드렸다. 저녁에도 단 둘이 주일저녁 예배를 드렸다.

베네치아에 있는 한인교회가 이곳에 들린 사람들이 인터넷을 통해 쉽게 교회 정보를 접할 수 있도록 배려해 주지 못하니 참으로 안타깝다는 생각이 들었다. 조금만 배려하면 될 수 있을 텐데 말이다.

주일 아침 예배를 드리고 베네치아 거리를 걷는 중 무수한 사람들이 이곳에 찾아오는 것을 보면서 인생은 순례의 길이라는 생각이 들었다. 그리고 '서산에 있는 성결 가족들 가운데는 살아생전 외국에 한 번도 나와 보지 못한 분들도 많을 텐데, 이 많은 사람들은 어디에서 왔을까?' 하는 생각이 들었다. '이 세상 어딘가에 참된 기쁨과 소망이 있을까' 하여 찾아다니는 순례객들, 예수님 품 안에만 참된 만족이 있다는 것을 모르니 참으로 안타깝다. 서산 성결 가족들이 주님 앞에 섰을 때 큰 자가 되기를, 그리고 이 땅에서도 예수님 안에서 가장 행복하고 풍성한 삶을 누리기를 축복한다.

　우리 부부도 여행을 그리 즐기는 편은 아니지만 주어진 상황 가운데 미래 사역을 위해 이렇게 나와서 많은 것을 깨닫고 느끼게 하시는 하나님께 감사드린다.

시편 74편 : 찬송가 183장(통일 172)-빈 들의 마른 풀같이

⊗ **기용** (15절) - 주께서 바위를 쪼개어 큰 물을 내시며 주께서 늘 흐르는 강들을 마르게 하셨나이다

··· 바위를 쪼개어 큰 물을 내시고 흐르는 강들을 마르게 하시는 능력의 주님, 기적의 주님을 찬양합니다. 할렐루야!

⊗ **미선** (21절) - 학대 받은 자가 부끄러이 돌아가게 하지 마시고 가난한 자와 궁핍한 자가 주의 이름을 찬송하게 하소서

··· 학대받는 자들과 가난한 자들 그리고 궁핍한 자들에게 마음을 쓰며 살아가게 하소서!

30일간의 묵상

나의 사랑
나의 아내

:

새로운 환경으로의 여행은 자신을 넓혀주고 성장시켜 주는 좋은 시간들이 될 것이다. 자신의 새로운 모습을 발견하기도 하고 그간 살아 왔던 삶을 객관성을 갖고 바라보며 정리할 수 있는 시간이기도 하다. 또 여행의 유익한 점은 여행 동반자의 새로운 모습을 발견하고 만날 수 있다는 것이다.

나는 25년을 함께 산 아내 박미선을 새롭게 만나는 귀한 시간을 갖고 있다. 아내는 이번 여행 도중 계속 나를 놀라게 하고 심지어는 당황하게까지 하고 있다. 사실 나는 25년 전 아내를 처음 만났을 때 10년 후에 세계 일주를 시켜 주겠다고 큰 소리를 쳤었다. 그 말이 10년 만에는 이루어지지 않았지만, 그래도 하나님의 은혜로 그동안 아내와 함께 여러 나라를 가 볼 기회를 가졌고 이번에도 안식을 통한 충전의 시간을 위해 유럽 대여섯 나라를 함께 여행하고 있다.

아내와 함께 살아오면서 느낀 점은 아내는 집을 떠나 다른 곳이나 다른 나라에 가는 것을 별로 좋아 하지 않는 사람이라는 것이다. 아내는 집 떠나는 것을 많이 힘들어 한다. 무엇보다 여행을 가도 사진을 찍는 일이나 물건을 사는 것에 큰 관심이 없는 성향의 사람이다. 보통의 여인들과 다른 취향이 아닌가 싶다. 더구나 여행 중에는 항상 내 뒤만 따라 다니는 소극적 모습이었다고나 할까…

그런데, 이번 안식 여행에서는 전혀 새로운 모습의 아내를 발견하고 있다.

처음 와본 나라의 낯선 풍경은 전혀 익숙하지도, 잘 알지도 못하는 문화임에도 불구하고 아내는 나보다 더 적극적으로 대응하며 부딪히고 있다. 외국인들을 접촉하고, 궁금한 것은 직접 물어보고, 그렇게 도전을 즐기는 아내의 모습을 보며 나는 적잖이 놀랐을 뿐만 아니라 '사람은 변할 수 있다'는 것을 새삼 생각하게 되었다.

항상 교회와 목회 현장이라는 동일한 환경에서만 만나 보았던 모습과는 전혀 다른 사람이 되어 있는 아내를 바라보는 즐거움과 놀라움이 이번 여행에 행복의 절정 중 하나이다. 사람은 바뀔 수 있는 존재임을 아내를 통해 확인하는 특별한 시간을 누리고 있다.

30일간의 묵상

시편 75편 : 찬송가 313장(통일 352)-내 임금 예수 내 주여

⊗ **기용** (9절) - 나는 야곱의 하나님을 영원히 선포하며 찬양하며…

• • • 야곱의 하나님, 부족하고 흠도 많고 실수도 많았던 야곱! 부족하고 흠도 많고 실수도 많은 기용이의 하나님을 영원히 선포하며 찬양하기 원합니다.

⊗ **미선** (7절) - 오직 재판장이신 하나님이 이를 낮추시고 저를 높이시느니라

• • • 하나님이 다 하심을 찬양합니다.
스스로 높아지려고 하지 않게 하소서!
이를 낮추시고 저를 높이시는 하나님만 의지하게 하소서!

취리히의
첫인상

:

우리는 이태리 베니스에서 비행기를 통해 스위스 취리히로 무사히 도착했다. 사실 교통 문화에 익숙하기만 하면 차를 빌려서 여유를 가지고 국경 사이를 이동하면서 여행을 하면 좋겠다는 생각을 했다. 그러나 유럽의 교통 문화가 나라마다 제각각이고 도로 표시판에 영어로 표시가 되어 있지 않은 나라(프랑스나 스위스 등)가 많아서 여간 불편한 게 아니라 렌트카 여행은 다음으로 미루기로 했다.

  사람마다 첫인상이 제 각각이듯 각 나라마다의 첫인상도 각기 다른 것 같다. 스위스는 생각보다 좋고 인상적이다. 취리히는 여타 다른 유럽 특히 런던, 파리, 로마, 그리스 보다 깨끗한 것 같다. 여정을 풀고 무작정 시내로 나갔다. 취리히 교통 문화를 전혀 알지 못해 길에서 만난 몇 사람에게 물었는데, 그때마다 그들은 충분한 시간을 내어 알려 주고 도와주었다. 취리히 사람들의 여유와 친절을 직접 경험하게 된 좋은 시간이었다.

스위스의 택시비는 상상을 초월할 정도로 비쌌다. 기본요금이 우리 한국 돈으로 약 8,400원부터 시작되니 말이다. 그래서 아내와 나는 무조건 대중교통을 이용하기로 했다. 취리히 시내로 나갔다가 시내 전차를 타기도 하고 시내 외곽과 이웃 도시를 운행하는 전철을 타기도 하면서 호텔에 도착했다.

"여행은 몸으로 읽는 독서"라고 한다. 내가 몸으로 직접 경험하며 보내는 이 시간이 나 자신의 미래의 삶과 사역을 위한 최선의 투자라고 믿는다.

스위스는 국민 소득이 우리나라보다 3배나 높다고 한다. 부럽기도 하지만 그만큼 물가도 굉장히 비싼 것 같다. 유럽에서 최고인 듯하다. 이들의 생활 패턴 또한 매우 여유롭고 풍요

로운 것 같다. 특히 전 국민의 4퍼센트 밖에 안 되는 농민들을 향한 전체 국민의 배려는 깊고 섬세했다. 농촌에서 나오는 수확물 가격을 확정할 때 그들은 반드시 농민의 의견을 반영한다는 것이다. 다 같이 윈윈(win-win)하는 길을 찾고 고민하는 모습은 매우 성숙하면서도 지혜로운 것 같다. 그래서 그런지 오히려 그것이 국가 전체의 경쟁력이 되는 것 같다.

내일부터는 나흘 동안 한국에서 온 팀에 합류하여 스위스를 투어하게 된다. 패키지 투어가 몸도 고달프고 힘도 들겠지만, 스위스 전체를 돌아보기 위해서 선택했다.

렛츠 고!

30일간의 묵상

시편 76편 ∶ 찬송가 321장(통일 351)-날 대속하신 예수께

❈ **기용** (2절) – 그의 장막은 살렘에 있음이여 그의 처소는 시온
에 있도다

・・・ 성전을 더욱 사모하고 사랑하게 하소서!

❈ **미선** (11절) – 사방에 있는 모든 사람도 마땅히 경외할 이에
게 예물을 드릴지로다

 ・・・ 하나님께 예물을 드리는 것을 기뻐하고 기대하며 마땅
히 당연하게 여기는 사람들이 점점 줄어들고 있는 것 같아요.
주님! 저희를 불쌍히 여겨 주시옵소서!
모든 것이 다 하나님의 것이고, 하나님께서 주신 것들인데,
이곳 스위스에 와서 보니 하나님을 잊어버리고 오로지 본인
들의 여가와 휴가만을 위해서 물질을 아낌없이 쓰는 문화를
보며 우리 한국도 언젠가는 이렇게 되지 않을까, 열정이 빠져
버린 유럽의 기독교를 보며 아프고 두려운 마음을 쓸어내립

니다. 하나님께 너무나 관심이 없는 것을 보고 듣습니다. 하나님의 시간에 우리 모두는 다 하나님께로 갈 것인데, 어쩌면 좋습니까? 주님~

찰리 채플린을
만나다

:

찰리 채플린을 만났다. 사실 찰리 채플린은 이미 이 세상 사람
은 아니다. 미국 헐리웃 뿐 아니라 전 세계 사람들에게 감동을
주었던 그였지만, 후에 공산주의자로 오해를 받아 미국에서
쫓겨나 스위스의 조그마한 도시 브베이(Vevey)라는 곳에서 조
용히 여생을 보내게 된다. 그러다 세월이 지나 그가 공산주의
자가 아님이 판명 나게 된다.

　그러자 그의 생전 뿐 아니라 그의 사후에도 전 세계의 사
람들이 그가 조용히 생활하던 마을을 찾고 있다. 찰리 채플린
한 사람 때문에 그 시골 마을은 유명한 예술과 패션의 도시가

되었다. 한 사람의 영향력은 실로 대단하다는 것을 다시 한 번 확인하게 된다.

찰리 채플린이 그 곳에 있었기에 그 주위가 찰리 채플린의 스피릿으로 가득한 것처럼, 누군가는 자신의 주변에 영향력을 행사하게 된다. "누가 어디에 존재하느냐"라는 질문이 중요한 것이 아니라 '누가 그곳에 있느냐'가 중요한 것 같다. 목회도 마찬가지다. '어디에서'가 아니라 '누가 그곳에서' 목회하는지가 중요한 것 같다.

조급한 이데올로기적 판단이나 평가가 역사와 진실 앞에 얼마나 큰 오류와 실수를 범할 수 있는지를 깊이 깨닫는 하루였다. 사람을 살리는 방향으로 살아야겠다. 내 틀에 얽매여서 타인을 정죄하거나 비판하는 우를 범하지 말아야겠다. 제2의 찰리 채플린 사건이 일어나지 않도록…

시편 77편 : 찬송가 447장(통일 448)-이 세상 끝날까지

✦ **기용** (14절) - 주는 기이한 일을 행하신 하나님이시라 민족들 중에 주의 능력을 알리시고…

• • • 기이한 일을 행하신 하나님, 민족들 중에 주의 능력을 알리소서, 전 세계의 재복음화를 위해 우리 교회와 대한민국을 써주소서!

(20절) - 주의 백성을 양 떼 같이 모세와 아론의 손으로 인도하셨나이다

• • • 양떼를 잘 인도하는 목회자가 되게 하소서! 주님의 사랑과 능력이 필요합니다.

✦ **미선** (11절) - 곧 여호와의 일들을 기억하며 주께서 옛적에 행하신 기이한 일을 기억하리이다

• • • 기억하게 하소서, 기억하게 하소서, 주님께서 행하셨던 기이한 일들을 온전히 기억하게 하소서!

스위스에서 진정한
멘토를 만나다

∶

스위스는 칼빈의 종교개혁이 일어난 나라로서 크게 독일, 프랑스, 이태리 문화권으로 나뉘어져 있다. 스위스의 역사적 배경 때문이란다. 언어 사용도 그 지역에 따라 판이하게 다르게 사용한다. 그럼에도 불구하고 서로의 상이한 모습을 바꾸려고 하지 않고 오히려 존중하면서 절묘하게 공존과 조화를 이루며 살아가고 있다.

스위스의 중심을 지나가는 알프스 산맥은 7개 나라가 연결되어 있다. 스위스는 이런 지정학적 이유 때문인지 정치적으로 자기 색깔을 내지 않고 중립적 위치에서 생존하는 법을 터

득했나 보다. 비슷하게 강대국에 둘러싸여 있는 우리나라의
앞날도 스위스의 처세술을 참고했으면 좋겠다는 생각이 든다.
사실 국토 면적도 우리나라 남한 면적의 절반도 되지 않고 인
구도 너무나 작은 나라이다. 그러나 스위스는 지금 작지만 강
하고 경쟁력이 탁월한 나라이다.

오늘 일정 중 어느 산골 마을 '니더발트'를 지나 쳤는데, 이

깊은 산골 마을에서 유명한 인물들이 여럿 배출되었다고 한다. 그 유명한 호텔 왕 '리츠 세자르'와 피파(FIFA) 회장 '토니 블래터' 등이다. 우리나라의 리츠 칼튼 호텔을 비롯한 전 세계의 리츠 이름을 앞세운 최고급 호텔은 그와 연관이 있는 호텔이다. 호텔 왕 리츠의 일화는 매우 감동적이다.

그는 시골 산골 마을에서 성공의 꿈을 꾸고 그 꿈을 이루기 위해 도시로 나오게 된다. 호텔 종업원 생활을 하면서 자신이 섬겼던 고객들의 서비스 취향을 일일이 메모해 두었다가 다시 그 손님을 만나게 되면, 손님의 필요를 성실한 서비스로 기가 막히게 채워주었다고 한다. 덕분에 전 세계의 귀족들이 그의 서비스를 받고자 하여 그가 일하는 호텔에 많은 단골이 생기게 되었다고 한다. 급기야 그의 명성이 더욱 알려지게 되고, 후에 그 유명한 '파리 리츠 호텔'이 탄생하는 계기가 되었다고 한다.

리츠 호텔이 전 세계 어디서든 최고의 호텔 브랜드 가치를 지니고 있는 것은 시골 촌뜨기 리츠의 '고객을 우선하는 최선의 섬김과 봉사 정신'이 깔려 있기 때문이다. 고객의 필요를 고품격으로 채우고 고객 개개인이 존중받고 있다는 생각을 갖게 하기 위해 끊임없이 자기를 혁신하며, 무엇보다 철저하게 낮은 자세로 섬기는 정신이 오늘날 리츠 호텔로 하여금 최고의 경쟁력을 갖추게 했다고 한다.

리츠의 정신과 삶의 자세는 오늘날 교회의 생존 전략이나 현대 목회자들에게 시사해 주는 바가 매우 큰 것 같다. 목회가 어렵다는 패배주의 자세에서 과감히 빠져 나와 현대인들의 필요를 복음의 능력 안에서 깊이 성찰하고, 섬김과 사랑의 낮은 자세로 한 사람, 한 사람을 깊이 존중하고 세워 주는 태도로 다가 간다면 미래 목회도 충분히 풍성하지 않을까 싶다.

나도 리츠와 같은 프로 정신을 본받아 주님께서 내게 붙여 주시고 맡겨주시는 그 한 사람 한 사람을 소중히 여겨 그(그녀)가 존중받고 있다는 감동을 선물해 줄 수 있는 목양 사역이 될 수 있도록 기도하며 노력하겠다.

어떤 시대이든 어떤 환경이든 프로는 살아남게 된다. 진정한 프로를 꿈꾸고 그 꿈을 이룬 호텔 왕 리츠는 지금 이 시대에도 진정한 프로가 되고자 하는 모든 이들의 진짜 멘토이다.

시편 78편 : 찬송가 570장(통일 453)-주는 나를 기르시는 목자

❌ **기용** (9~11절) – 에브라임 자손은 무기를 갖추며 활을 가졌으나 전쟁의 날에 물러갔도다 그들이 하나님의 언약을 지키지 아니하고 그의 율법 준행을 거절하며 여호와께서 행하신 것과 그들에게 보이신 그의 기이한 일을 잊었도다

••• '왜 예수님께서 에브라임 지파가 아닌 유다 지파를 선택하셔서 이 땅에 오셨을까?'에 대한 답이다. 에브라임 지파는 위 말씀처럼 공동체와 함께 헌신하지 않았고, 언약을 지키지도 않았으며, 율법 준행도 거절하였다. 그리고 무엇보다 여호와께서 행하신 것과 그들에게 보이신 기이한 일들을 잊어버렸다. 그러나 거기에 비해 유다는 자기 희생이 있는 지파였음을 말씀을 통해 기억해 볼 수 있다.

(67~68절) – 또 요셉의 장막을 버리시며 에브라임 지파를 택하지 아니하시고 오직 유다 지파와 그가 사랑하시는 시온 산을 택하시며

• • • 사랑하는 주님, 저와 우리 서산성결가족들이 헌신하게 하소서, 희생하게 하소서, 언약을 지키게 하소서, 율법을 준행하게 하소서, 그리고 무엇보다 여호와께서 행하신 것과 그들에게 보이신 기이한 일들을 꼭 기억하게 하소서!

※ **미선** (52절) - 그가 자기 백성은 양 같이 인도하여 내시고 광야에서 양 떼 같이 지도하셨도다

(70~72절) - 또 그의 종 다윗을 택하시되 양의 우리에서 취하시며 젖양을 지키는 중에서 그들을 이끌어 내사 그의 백성인 야곱, 그의 소유인 이스라엘을 기르게 하셨더니 이에 그가 그들을 자기 마음의 완전함으로 기르고 그의 손의 능숙함으로 그들을 지도하였도다

• • • 주님의 인도하심과 지도하심에 민감하게 하소서, 또한 저희에게 맡기신 양들을 완전함으로 기르고 능숙함으로 지도하는 저희 되게 하소서, 다윗을 젖양을 지키는 양의 우리에서 이끌어내사 택하셨던 주님을 찬양합니다!

융프라우를 이긴
사나이

:

해발 4,158m의 스위스에서 제일 높은 융프라우에 올라갔다. 융프라우는 등정하려던 사람의 약 90퍼센트를 죽음으로 몰고 간 험난한 산이다. 일 년 365일 늘 만년설로 뒤덮인 산이다.

내가 그 산의 정상 가까이 갈 수 있었던 것은 한 사람의 꿈과 그에 따르는 희생 때문이다. 그의 이름은 '아돌프 쿠에러 첼러'이다. 그는 철도 전문가였는데, 자신의 모든 재산과 열정과 에너지를 투자하여 융프라우 산을 뚫어 기차 터널을 완성하고자 했다. 처음에 그가 그의 비전을 사람들에게 나누었을 때, 많은 사람들은 그의 비전을 허황되다고 생각했을 뿐만

이 아니라 불가능한 일이라고 말했다.

그러나 그는 꿈을 이루기 위해 자신의 모든 것을 다 쏟아부었고, 12년 동안의 악전고투 끝에 터널 뚫기를 거의 완성했으나, 마지막 약 4km를 남겨 두고 병으로 생을 마감하게 된다. 그 후에 사람들은 그가 남긴 나머지 터널 뚫기를 완성한다. 이제는 누구나 언제 어느 때나 융프라우 정상에 가까이 가서 그 아름다운 만년설을 만지고 경험할 수 있게 되었다. 한 사람의 꿈과 헌신이 이루어낸 결과이다.

당시 대부분의 사람들이 미쳤다고 여겼던 비전이 마침내 실현된 것을 보고 경험한 하루였다. 해발 약 3,700미터까지 올라갔을 때 약간의 어지럼증이 있긴 했지만(아내는 숨도 찼다고 한다), 고생한 보람이 충분한 보상으로 돌아온 하루였다.

나이가 들어가면서 꿈이 현실 안주 의식으로, 열정과 도전 의식이 안정지향주의로 바뀌어 가지는 않는지 나 자신을 돌아보게 된다. 자신의 모든 것을 비전을 위해 다 바치고 그것을 실현하기 위해 헌신하는 열정과 도전 의식이 더욱 타오르기를 갈망하며 그것을 기도 제목으로 삼는 하루였다.

시편 79편 : 찬송가 384장(통일 434)-나의 갈 길 다가도록

❊ **기용** (13절) - 우리는 주의 백성이요 주의 목장의 양이니 우리는 영원히 주께 감사하며 주의 영예를 대대에 전하리이다

••• 우리는 주의 백성이요 주의 목장의 양, 영원히 주님께 감사하고 주님의 영예를 대대에 전하게 하소서!

❊ **미선** (9절) - 우리 구원의 하나님이여 주의 이름의 영광스러운 행사를 위하여 우리를 도우시며 주의 이름을 증거 하기 위하여 우리를 건지시며 우리 죄를 사하소서

••• 구원의 하나님, 구원의 하나님 때문에 삽니다. 주님의 이름의 영광스러운 행사를 위하여 저희를 도우시고, 주님의 이름을 증거 하기 위하여 저희를 건지시며 저희 모든 죄를 사하소서!

빈사의 사자상이
입을 열다

:

'루체른'이라는 도시를 방문했다. 차로 취리히에서 1시간 정도 떨어진 곳에 위치한 작은 도시였다. 괴테나 톨스토이가 문학 작품과 예술적 영감을 얻기 위해 자주 찾았다는 도시라고 한다. 괴테나 톨스토이가 차를 마셨던 까페와 레스토랑을 발견하고는 너무 감격이 되어 그곳에서 차를 마시고 싶었지만, 오픈 시간이 아니라 아쉽게 발길을 돌렸다.

오랜 세월이 지난 후 우리의 삶은 역사 앞에서 평가를 받게 된다. 역사는 정직하게 누군가의 삶을 평가한다. 나의 삶이 지나간 후에도 톨스토이나 괴테처럼 흔적이 남을 것이다. 아니, 어쩌면 역사 속에 아무에게도 기억되지 못하고 잊혀진 생이 될 수도 있을 것이다. 그렇게 되지 말았으면 한다. 괴테나 톨스토이에 비할 수는 없을지라도 후대에 좋은 유산을 남기는 목회자가 되고 싶다. 그래서 그런지 나의 남은 삶이 더 무겁게 여겨진다.

내가 나 자신을 격려해 보았다.

"기용아, 너, 수고 많았다. 그래, 지금처럼 열심히 사는 거야! 주님이 너를 무척 사랑하잖니! 너 잘 될 거야! 너는 보통 사역자가 아니야! 주님이 너를 특별하게 사랑하고 쓰시잖니? 렛츠 고!"

이상하게 눈물이 난다. 많이 행복했지만 그래도 힘든 면들이 있었나 보다. 그렇지만 이 얼마나 큰 복인가? 부족한 사람이 하나님의 말씀을 전하고 영혼들을 돌아보는 이 귀한 사명을 감당하고 있으니 말이다. 대부분의 목회자들이 다 그렇게 생각하며 사역하고 있겠지만 나 또한 주님께로부터 복을 참 많이 받고 있는 사역자라고 생각한다. 아무리 생각해도 모든

것이 주님의 크신 은혜로다! 형통할 때도, 조금 힘들 때도 말이다.

괴테와 톨스토이를 뒤로하고, 유명한 '빈사의 사자상'을 찾았다. 이 빈사의 사자상은 루카스 아혼이 1824년 완성한 대형 사자상 조각품으로서 길이가 10미터에 높이가 6미터나 된다. 사자상 머리 위에는 라틴어로 유명한 글귀가 적혀 있는데 그 뜻은 '스위스의 충성심과 용감함'이라고 한다.

1792년 프랑스 혁명이 일어났을 때, 루이 16세와 왕비 마리 앙뜨와네뜨를 지키기 위해 프랑스 왕정이 스위스 군대를 용병으로 사용하기로 했는데, 이때 가난한 루체른 마을에서 젊은이들이 자신의 가족을 위해 용병으로 차출되었다고 한다.

지금은 스위스가 세계에서 가장 잘사는 나라가 되었지만, 당시에는 가난 때문에 자신의 목숨을 다른 나라의 왕을 보호하기 위한 용병으로 내어줄 수밖에 없었던 것이다. 결국 786명의 스위스 젊은이들이 프랑스로 갔다고 한다. 이 스토리를 들으며 많은 우리나라 젊은이들 역시 가난 때문에 목숨을 걸고 월남의 전쟁터로 떠났었다는 사실을 기억했다. 비슷한 역사에 가슴이 찡해왔다. 우리나라도 그들의 희생 때문에 오늘날 이만큼 잘살고 있음을 후대의 사람들은 잊어서는 안 되겠다.

다시 이야기로 돌아가자면, 당시 전세가 왕정이 불리해지자 프랑스 왕의 친위부대인 본국의 군사들도 다 도망을 갔는데, 이 786명의 스위스 용병들은 끝까지 목숨을 걸고 왕과 왕비를 지켰다고 한다. 심지어 루이 16세가 그들에게 "도망가도 좋다"는 말까지 했는데도 그 스위스 용병들은 "자신들은 왕과 왕비를 지키기 위해 계약(약속)을 맺었기 때문에, 이 자리를 떠나 갈 수 없다"고 선언했다고 한다. 그리고 서로의 손가락을 단단하게 연결하여 잡고 한 사람도 자리를 뜨지 않은 채 장렬하게 전사했다고 한다.

결국 스위스의 후손들은 희생과 목숨을 담보로 신의를 지켜낸 그들의 조상들의 숭고한 정신을 기리기 위해 이 굶어 죽을 것 같이 불쌍해 보이는 사자상을 제작했다고 한다. 사실 로마 바티칸을 지키는 군인들은 모두 스위스 젊은이 중에 차출된 군인들이었다고 한다. '스위스 군인들이 목숨을 걸고서라도 신의를 지킨다'는 그 신용이 유럽 전체 사회에 뿌리를 내리고 있다고 한다. 이 신용 때문에 각국 나라나 세계 사람들이 자신의 돈을 스위스 은행에 맡기지 않나 싶다. 크레딧(신용)은 최고의 자산인데, 그 신용이라는 것은 저절로 세워지는 것이 아니다. 자기희생을 불사하면서 신의(약속)를 지켜낼 때, 신용이 세워지는 것이고 그것이 개인이나 기업, 국가의 경쟁력이 되는 것이다.

스위스라는 강대국에 둘러싸여 있고 많은 외세의 침입을 경험한 나라이지만, 지금까지 생존하고 오히려 탁월한 경쟁력을 갖춘 강소국이 된 요인을 '빈사의 사자상' 앞에서 찾을 수

30일간의 묵상

있었다.

　하룻밤 사이에 신의를 저버리는 배신과 비방이 판치는 우리의 삶 속에서 한국판 "빈사의 사자상을 자랑스럽게 조각할 날은 언제 쯤 올까?" 스스로에게 질문하며 나부터 의리 있게 살아보자고 사자상 앞에서 다짐해 본다.

시편 80편 : 찬송가 363장(통일 479)-내가 깊은 곳에서

⊗ **기용** (7절) – 만군의 하나님이여 우리를 회복하여 주시고 주의 얼굴의 광채를 비추사 우리가 구원을 얻게 하소서

(19절) – 만군의 하나님 여호와여 우리를 돌이켜 주시고 주의 얼굴의 광채를 우리에게 비추소서 우리가 구원을 얻으리이다

• • • 만군의 하나님, 구원은 오직 만군의 하나님 여호와께로부터임을 고백합니다. 저희를 돌이켜 주소서, 대한민국을 주님께로 돌이켜 주소서, 유럽을 돌이켜 주소서, 그리고 저희 모두를 회복시켜 주소서, 주님의 얼굴의 광채를 저희 모두에게 비추어주소서!

⊗ **미선** (1절) – 요셉을 양 떼 같이 인도하시는 이스라엘의 목자여 귀를 기울이소서 그룹 사이에 좌정하신 이여 빛을 비추소서

• • • 인도하소서! 빛을 비추소서!

묵상
30일

종교개혁과
그 후

:

오늘은 주일이다. 종교개혁이 일어났던 스위스에서 주일 예배를 드리는 설레임이 있어서 신앙생활을 잘하는 스위스 현지인들에게서 개신교회를 수소문했다. 취리히 시장 부부도 출석하는 교회라고 들었다. 이 교회는 그 유명한 화가 '샤갈'이 그린 그림이 벽에 장식되어 있기로도 유명한 교회이다. 독일어를 사용하는 사람들이 모여 예배하는 공동체라서 그런지 또는 관광객들이 많이 찾아와 예배가 방해가 되어 그런지 처음에는 우리들을 포함한 외부인들을 잘 입장시키지 않으려고 했다. 겨우 입장하긴 했지만 전통을 앞세워 변화와 상황에 대한 교회의 문턱이 너무 높은 것 같아 은혜가 덜 되었다.

교회는 독일 루터교회를 배경으로 한 교회로서 예배 형식과 분위기는 매우 전통적이고 엄숙하고 무거웠다. 취리히에서 가장 유명한 개신교임에도 불구하고 인원은 그리 많지 않았고, 연세가 있으신 노년층이 대부분을 이루고 있었다. 예배당은 매우 컸으나 인원은 약 100여 명 정도였다.

특이한 것은 예배를 인도하시던 목사님께서 말씀을 전하실 때에는 아주 높은 다른 강단으로 옮겨가시는 것이었다. 내가 본 중에 가장 높은 강단이었다. 고개를 뒤로 젖혀 설교자를 바라보아야 할 정도였다. 말씀을 소홀히 하던 중세 영적 암흑기의 반발로 일어났던 종교개혁 시대에 말씀의 권위를 다시 세우던 영향 때문인 듯했다.

설교 강단의 높이가 높다고 해서 하나님의 말씀의 권위가 세워지는 것이 아니며, 설교 강단의 높이가 낮다고 해서 말씀의 권위가 낮아지는 것도 아님에도 불구하고 예전 전통에서 한 발자국도 앞으로 나아가지 않는다는 느낌이 들었다. 설교를 듣는 청중들이 불편할 정도로 강단이 높은 것은 '아니다'라는 생각이 들었다. 교회 밖의 수많은 사람들이 교회를 등지는 요인을 이것 하나만 보아도 알 것 같았다.

세상은 너무나 빠르게 변화되고 있다. 교회도 영광스런 복음을 효율적으로 전하기 위해 과감한 사고의 전환과 틀을 깨는 몸부림과 변화에 발 빠른 면을 갖추어야 할 것이다. 아무리 좋은 '복음'이라는 '콘텐츠'라도 세상이 접해보지도 못하고 돌아서 버린다면 무슨 의미가 있겠나 하는 생각을 하게하는 하루였다. 오늘 함께 예배드린 연세 높으신 그분들이 이 세상을 떠나고 난 후에 그 교회는 과연 어떻게 될까 고민이 되었다.

한국 교회의 미래를 고민하는 무거운 숙제를 부여 받은 것 같은 주일이다.

시편 81편 : 찬송가 569장(통일 442)–선한 목자 되신 우리 주

❈ **기용** (1절) – 우리의 능력이 되시는 하나님을 향하여 기쁘게 노래하며 야곱의 하나님을 향하여 즐거이 소리칠지어다

･･･ 우리의 능력이 되시는 하나님을 향하여 기쁘게 노래하며 즐거이 소리치는 삶을 영원히 살게 하소서!

(10~11절) – 나는 너를 애굽 땅에서 인도하여 낸 여호와 네 하나님이니 네 입을 크게 열라 내가 채우리라 하였으나 내 백성이 내 소리를 듣지 아니하며 이스라엘이 나를 원하지 아니하였도다

･･･ 주님께서 채우시려고 해도 우리 인생이 주님의 소리를 듣지 않으려고 하고 주님을 원하지 않는군요. 그럴수록 우리 하나님의 사람들은 지금까지 우리를 인도하여 내신 하나님을 의지함으로 우리의 입을 크게 열게 하시고 채우시는 하나님을 몸소 경험하게 하소서!

❎ **미선** (7절) – 네가 고난 중에 부르짖으매 내가 너를 건졌고, 우렛소리의 은밀한 곳에서 네게 응답하며, 므리바 물 가에서 너를 시험하였도다

••• 고난 중에 낙망하지 않게 하시고 오히려 부르짖게 하소서!

그리고 주님의 건지심과 응답하심을 늘 기억하고 감사하게 하소서!

또한 때때로 우리에게 더 큰 복과 은혜를 주시려고 시험이 다가올 때 넉넉히 승리하게 하소서!

세밀한
도우심

⋮

스위스 취리히에서 다시 파리로 돌아 왔다. 파리에서 한국으로 돌아오도록 비행기가 예정되어 있었기 때문이다.

　여행은 자신이나 동반자의 새로운 모습을 재발견하거나 자기 정체성을 확인하고 재정립하게 되는 것 같다. 나는 각본이 정해진 여행보다는 큰 틀(예를 들면 비행기 편이나 숙소)만 정해진 상태에서 하나님 안에서 스스로 개척하고 도전하는 것을 매우 좋아 한다. 더구나 여행지에서 계획 없이 만나는 만남 속에서 대단한 희열과 에너지를 경험하기도 한다.

　이번 여행에서 중간 중간에 만난 한국인이나 외국인들이

다들 그런 나를 보며 신기해하고 대단하게 보기도 했다. 새삼 확인하게 된 것은, 이번 여행이 주님께서 우리와 지속적으로 함께 하시고 세밀하게 돌보고 계심을 경험한 시간이었다는 것이다. 새벽예배를 드리게 된 것이나 그 가운데 강건케 하시고, 처음 방문하는 나라나 도시에 대한 적응과 음식에 대한 적응 문제 등 이루 헤아릴 수 없이 많은 부분에서 주님의 세밀한 도우심을 경험했다.

오늘은 파리에 도착한 후 숙소에 여장을 풀고 아내와 함께 파리의 부흥을 중보하는 마음으로 많이 걷는 시간을 가졌다.

알지 못하는 길을 계속 걸으면서 기도하고 대화하는 시간도 꽤 행복하고 풍성한 시간이었다.

한 달 전에 만났던 프랑스 젊은 친구를 동일한 레스토랑에서 그리고 걷던 길에서 만나기도 했다. 세계가 좁아진 느낌이다.

30일간의 묵상

우리 부부의 새벽 QT

시편 82편 : 찬송가 295장(통일 417)-큰 죄에 빠진 나를

⊠ **기용** (3~4절) - 가난한 자와 고아를 위하여 판단하며 곤란한 자와 빈궁한 자에게 공의를 베풀지며 가난한 자와 궁핍한 자를 구원하여 악인들의 손에서 건질지니라 하시는도다

··· 가난한 자와 고아와 곤란한 자와 빈궁한 자 그리고 궁핍한 자를 늘 마음에 품는 목회자되게 하소서!

⊠ **미선** (8절) - 하나님이여 일어나사 세상을 심판하소서 모든 나라가 주의 소유이기 때문이니이다

··· 모든 나라가 주님의 소유, 모든 것이 주님의 소유. 사랑하는 주님! 저희 모두를 기억하시사 이 사실을 영원히 잊지 않게 하소서!

30일간의 묵상